John Callanan

Anthony de Mello

John Callanan

Anthony de Mello

Der Mann, der das Pferd zum Fliegen brachte

Aus dem Englischen von
Claudia Zankel

Verlag Herder
Freiburg · Basel · Wien

Titel der Originalausgabe:
*John Callanan SJ: Dreaming with Tony de Mello –
A Handbook of Meditation Exercises*
Mercier Press, Cork/Dublin 1997

Umschlaggestaltung: Finken & Bumiller, Stuttgart
Umschlagmotiv: Odilon Radon, Muse sur Pégase (1907/10).
Privatsammlung Paris

Satzbearbeitung: Fotosetzerei G. Scheydecker, Freiburg i. Br. 1999
Druck und Bindung: Freiburger Graphische Betriebe 1999
Gedruckt auf umweltfreundlichem,
chlor- und säurefrei gebleichtem Papier
ISBN 3-451-26866-3

Inhalt

Danksagung

Viele Menschen ermunterten mich zu diesem Buch. Ich möchte ganz besonders meiner Familie für ihren unablässigen Beistand und meiner Gemeinschaft für ihre Geduld danken. Besonderer Dank geht an meinen Bruder P. Bill Callanan SJ für seine Illustrationen sowie an P. Eddie O'Donnell SJ und P. Donal Neary SJ für ihre unfehlbare Hilfe. Auch der Familie Wynne möchte ich für ihre Unterstützung und Mitarbeit Dank sagen sowie denen, die mich mit Themen und Ideen für die Meditationen und Imaginationsreisen unterstützt haben. Manchmal habe ich dazu Konzepte oder Motive benutzt, ohne mir über deren Urheberschaft sicher zu sein, und ich möchte um Nachsicht bitten, wenn ich in dieser Weise auf Textquellen zurückgegriffen habe. Auch haben mir viele Menschen bei Exerzitienkursen und Seminaren erzählt, was in ihnen bei Meditationen und Gebetszeiten vor sich ging, und dies hat den Übungen dieses Buches die letztendliche Form gegeben; meine Dankbarkeit darüber kann ich kaum angemessen zum Ausdruck bringen.

John Callanan

Verzeichnis der Meditationsübungen

Einführung

Seit mein erstes Buch über Anthony de Mello erschienen ist (deutsche Ausgabe: *Meditieren mit Anthony de Mello – Übungen und Inspirationen*. Herder/Spektrum 4789, Freiburg i. Br., März 2000), haben mich viele Menschen, die durch ihn inspiriert wurden, gebeten, weitere Gedanken über diesen Mann und dessen Botschaft zu veröffentlichen. Daher beginne ich mit einigen grundlegenden Informationen über sein Leben und Wirken.

Anthony de Mello, 1931 in Bombay geboren, war indischer Jesuit. Als Person, Autor und Kursleiter hinterließ er bei vielen Menschen einen ungewöhnlich tiefen Eindruck. Er selbst sagte, daß sein Glaube und seine Begeisterung für das Christentum in seiner frühesten Kindheit grundgelegt worden seien. Schon in frühen Jahren seines Lebens kam er sowohl mit hinduistischen als auch mit buddhistischen Traditionen in Berührung, die sich mit seinem sehr ursprünglichen christlichen Glauben vermischten.

Anthony de Mello trat 1947 in die „Societas Jesu" (SJ, den Orden der Jesuiten) ein, noch vor seinem 16. Geburtstag, und bereits als junger Jesuit wurde er von seinen Obern nach Spanien geschickt, um dort Spiritualität zu studieren. Hier wurde er stark durch das Studium des Lebens und der Schriften einiger spanischer Heiliger und christlicher Mystiker beeinflußt – vor allem waren es Teresa von Ávila und Johannes vom Kreuz. Nach Abschluß seiner Studien schickten ihn seine Obern in die Vereinigten Staaten von Amerika, um auch noch Psychologie zu studieren. De Mellos psychologisches Wissen um das Licht und die Schatten des menschlichen Wesens verknüpfte er dann in seiner Arbeit mit seiner Anschauung vom Guten und Schlechten, die geprägt war sowohl von der östlichen als auch der westlichen Spiritualität, und daraus entstand eine brisante Mischung, die er zunächst seinen Studenten vermittelte.

In seinen späteren Lebensjahren hielt Anthony de Mello Kurse und Seminare im „Sadhana Retreat Centre" bei Bombay und mehr und mehr überall auf der Welt. Er starb unerwartet in New York im Juni 1987, während er dort ein Seminar an der „Fordham University" leitete.

Nach seinem Tod leuchtet sein Stern auch weiterhin. Ja, er strahle seitdem noch intensiver, sagen manche. Immer mehr Menschen scheinen durch seine Worte, seine Spiritualität und sein Lebenswissen inspiriert zu werden. Ich selber weiß aus eigenen Erfahrungen: Anthony de Mello war ein faszinierender Lehrer und Begleiter auf dem spirituellen Weg. Er hatte die seltene Gabe, Lebenskraft und spirituelle Energie auszustrahlen, wohin er auch ging. Nie ist mir das mehr bewußt geworden als bei seinem ersten Besuch in Irland 1977.

Anthony de Mello nahm großen Einfluß auf die 32. Generalkongregation der Jesuiten in Rom, und wahrscheinlich auf Grund dessen lud ihn der irische Provinzial der Jesuiten ein, vor einer örtlichen Gruppe von Priestern, Brüdern und Studenten bei einem Exerzitienkurs im Landesinnern von Irland zu sprechen. Kaum war er angekommen, konnte man die Erregung in der Luft spüren. Was immer er auch anging, bekam unter seinen Händen eine besondere Frische, und es gelang ihm, gleich am ersten Abend eine Atmosphäre zu verbreiten, die mich sehr erstaunte. Vom ersten Augenblick an sprach er seine Zuhörer in ihrem innersten Kern an; vieles von dem, was er sagte, ließ sie genau das in Frage stellen, aus dem sie ihren Glauben bisher geschöpft hatten. Selbst jahrelanges Seminartraining hielt dem nicht stand – zumindest erschien es mir damals so. Viele waren den ganzen Abend über wie gebannt. De Mello sprach sowohl über Lebensstärkung als auch über Dinge, die Leben verhindern und Menschen erschrecken. Zurück blieb ein Durst nach wirklichem Leben, der bei vielen seiner Zuhörer bis zum heutigen Tag anhält. Manche stimmten zwar nicht mit allem überein, was er sagte; doch glaube ich, daß er nur sehr wenige unberührt ließ.

Ich hoffe, Ihnen geht es nicht anders, wenn Sie mit den Übungen und Meditationen dieses Buches arbeiten. Sie basieren auf und sind dem Stil de Mellos nachempfunden, sind von seiner Spiritualität und Lebensunmittelbarkeit inspiriert.

Sein Geist möge auch weiterhin Menschen dazu herausfordern, ermutigen und inspirieren, wofür es sich zu leben lohnt.

Mudras dienen bei Tantra-Meditationen als Energiekanal

1
Anfänge

Nichts ist wahr oder falsch,
nur unser Denken macht es dazu.
WILLIAM SHAKESPEARE

Brücke zu neuem Leben

Anthony de Mello war so etwas wie ein Meister, eine Inspiration, ein Leuchtfeuer der Hoffnung und eine Quelle der Weisheit. Für viele war er auch wie eine Brücke zu neuem Leben. Seit seinem Tod scheinen sich sein Werk und auch die Spiritualität, die er in anderen zu stärken suchte, wie ein Lauffeuer ausgebreitet zu haben. Nicht wenige staunten über seine Inspirationskraft, den Glauben in jenen zum Leben zu erwecken, die ihm begegneten. Er hatte eine besondere Beziehung zum heutigen Glaubensleben, und er scheute sich nicht, die institutionalisierten Elemente des Christentums aus anderen, d.h. lebensunmittelbaren Blickwinkeln zu betrachten. Auf diese Weise bot er Menschen die Chance, den lebendigen Christus in ihrer Mitte zu suchen und auch zu finden.

Viele, die noch nicht mit Anthony de Mello oder seiner Arbeit vertraut sind, werden sich vielleicht folgendes fragen: Wer war dieser Anthony de Mello? Was lehrte er? Was macht die Anziehungskraft seiner Lebensphilosophie und seiner spirituellen Lebenspraxis aus?

Wie bereits erwähnt, war Anthony de Mello indischer Jesuit. Menschen, die ihn erlebten, waren fasziniert von seiner Ausstrahlung. Rückblickend kann man sagen, daß de Mello das Leben in der Seele anrührte und radikal veränderte – aber wie gelang ihm dies? Etwas von seinem Lebens- und Glaubenswissen mußte tiefergehend und dauerhaft zugleich sein. Jene, die sich glücklich schätzen, an seinen Kursen in Sadhana (Indien), an seinen Seminaren oder Exerzitien über Beten und spirituelles Leben (in der ganzen Welt) teilgenommen zu haben, werden bezeugen, daß die begeisterte und begeisternde Art, mit der er sprach, außerordentlich dazu beitrug, daß seine Botschaft die Menschen erreichte.

Während solcher Exerzitientage ermüdete er nie, er schien sie selber zu genießen und Energie aus dem zu schöpfen, wovon er sprach. Ein Teilnehmer solcher Treffen sagte, de Mello sei „ein rührend liebenswerter Mensch (gewesen) – einer, der die Stärken und Grenzen anderer einschätzen konnte; einer, der vor einem zu flachen Lebensstil rücksichtsvoll, behutsam, aber auch unvoreingenommen und klar warnen und ihn analysieren konnte; einer, der seinen Zuhörern das Gefühl der Freiheit ließ und ihnen das gute Gefühl, ihr Leben neu zu wagen, vermitteln konnte; einer, der ihnen die Möglichkeit gab, nachzufragen und nicht alles für bare Münze zu nehmen und fraglos zu akzeptieren, nur weil es von einer Autoritätsperson stammte. Er war ein Mensch, der anderen Menschen half, sich freizukämpfen; einer, der denen, die ihm begegneten, half, den in uns wohnenden Dämon zu bekämpfen."

Was zeichnete Anthony de Mello als Lehrer und Begleiter aus? Es wäre falsch, ihn als Lehrer im herkömmlichen Sinn des Wortes zu verstehen. Vielmehr vermochte er mit Leichtigkeit der Menschen Innerstes für sie selbst zu öffnen, und zwar auf eine Weise, die herausfordernd, ermutigend, liebe- und verständnisvoll zugleich war. Das konnte sowohl erschreckend als auch erheiternd sein, was viele, die an seinen Exerzitien teilgenommen haben, bestätigen werden.

Ich habe mehrere Personen nach ihrer Meinung zu Anthony de Mellos Kursen und Seminaren, Büchern und Kassetten gefragt und eine Fülle von Antworten erhalten. Manche betonen das Konzept der Selbsterkenntnis – die Fähigkeit, kritisch das zu betrachten, was im eigenen Leben vor sich geht, – und genau dies ist auch der rote Faden, der sich durch de Mellos Spiritualität zieht. Andere, die ihn persönlich kannten, erwähnten die Fülle der Anregungen und der

Freude, die er ihrem Leben einflößte. Er hatte das seltene Talent, immerzu Lebendigkeit und Lebensfreude zu verbreiten. Seine Geschichten trafen immer genau ins Herz der Dinge und in das seiner Zuhörer. Es gelang ihm, Christus den Menschen wirklich und lebendig nahezubringen. Wie Christus seinen Zuhörern lebendigen Glauben und Mut zusprach, so ließ es de Mello jene, die an seinen Exerzitienkursen teilnahmen, als Gewißheit entdecken, daß in jedem von ihnen großartige, einzigartige Talente schlummern.

Bei seinen Workshops und Exerzitien, an denen ich selbst teilnahm, wurde mir ziemlich schnell klar, daß manchen überhaupt nicht bewußt war, welche Lebenshöhen sie erklimmen könnten. De Mello ermutigte dazu und zeigte den einzelnen Spuren auf, wie es ihnen gelingen kann, ihr persönliches Potential voll auszuschöpfen – für mich ein Beispiel seines sensiblen und auch weisheitlichen Einfühlungsvermögens.

Anthony wies oft darauf hin, daß die meisten Menschen nur zwei Prozent ihres Potentials ausnützen, daß wir in einem schlafähnlichen Zustand durch unser Leben gehen, und wie tragisch es sei, nie wirklich aus diesem Zustand aufzuwachen, ihn nicht einmal als solchen wahrzunehmen, und wenn wir weiterschliefen, nie unser Potential auszuschöpfen, ja unser Leben in Wahrheit zu verschlafen.

De Mello war ein Befreier. Er segnete und ehrte den Glauben, scheute sich aber auch nicht, vor seinen Gefahren zu warnen. Er lud dazu ein, bewußt und aufmerksam weitverbreitete Ansichten in der Gesellschaft zu beobachten und auch den institutionalisierten Glauben selbstkritisch unter die Lupe zu nehmen, damit er für Menschen nicht zum Zwang werde oder sie gar verstümmele. Er empfahl immer wieder, unsere religiösen Anschauungen einem Test zu unterziehen – so wie Gold im Feuer geprüft wird –, um herauszufinden, welche davon der rauhen Wirklichkeit des „täglichen konkreten" Glaubenslebens nicht standzuhalten vermögen und welche sozusagen den eigentlichen Grundstoff, die Kraft, den Esprit, das geistliche Fundament ausmachen, an denen es uns jedoch im wahren Geistesleben nicht selten mangelt, so daß das Leben so wenig Tiefgang, aber auch so wenig Höhen kennt und mehr oder weniger zur Einöde vertrocknet.

Dies war der Kernpunkt seiner Arbeit: Menschen die innere Wirklichkeit ihrer Großartigkeit entdecken und erfahren, sie im Tiefsten wissen zu lassen, wie einzigartig Gott sie sieht. Warum aber sehen wir uns nicht selbst so? Zu einer solchen Entdeckungsreise – dafür stehen auch viele seiner Bücher – konnte de Mello inspirieren und, bildlich gesprochen, dabei „das Pferd zum Fliegen bringen".

Wenn er in seiner Hochform war, erklärte Anthony de Mello faszinierend die Botschaft vom Bewußtsein. Er beflügelte so nicht wenige Menschen zu erkennen, daß sie besser, wertvoller etc. seien, als sie selbst bisher zu glauben bereit waren. Für ihn hieß wahre Spiritualität: aufwachen – obgleich er auch bezweifelte, daß viele Menschen dazu die Fähigkeit besitzen oder sich die Fähigkeit zutrauen, ins Bewußt-Sein aufzuwachen. „Als ich älter wurde", sagte er, „fand ich mich mit der Tatsache ab, daß Menschen so sind, wie sie sind, und daß man eben diese Tatsache akzeptieren und lernen muß, damit zu leben. Ich denke, daß die meisten unserer Probleme mit unseren Mitmenschen von unseren Forderungen, Erwartungen oder Hoffnungen, daß sie sich ändern, stammen. Normalerweise geschieht das nicht. Sie sind schlafend geboren, sie leben schlafend, und sie sterben im Schlaf, ohne jemals aufzuwachen. Auf diese Weise erkennen sie nie die Schönheit und das Aufregende des Lebens."

Es ist in Wahrheit eine Art Krankheit, wenn man sich weigert, mit all seinem Potential das eigene Leben zu gestalten. Für Anthony de Mello war Christus hier immer das große Vorbild – der, der auf seine eigene innere Stimme achtete, ihr jederzeit treu blieb und ihr kompromißlos folgte. Ist dies nicht die Berufung jedes Menschen? „Die Verantwortung für deine Entwicklung", sagte er, „liegt auf deinen eigenen Schultern." Und er fügte hinzu: „Die meisten Menschen wollen gar nicht von ihren Selbstzweifeln und ihrem Scheitern geheilt werden. Sie wollen überhaupt nicht erfolgreich sein und auch nicht ihr volles Potential erreichen. Warum nicht? Weil ihnen der Aufwand, der darin inbegriffen ist, zu hoch erscheint."

De Mello: „Ein Lehrer lehrt, aber ein Meister führt und begleitet den einzelnen zur Selbsterkenntnis, zur Gotteserkenntnis und zur Wirklichkeit." Wir brauchen heutzutage Meister, Menschen, die Gott erkannt haben und die sich sicher genug fühlen, andere zur Mystik, zur Spiritualität, zum bewußten, wachen Leben zu führen. Er war zutiefst überzeugt, daß es im Leben eines jeden Raum für die mystische Dimension gibt. Am besten versuche ich, diese seine Sicht dadurch zu erklären, daß ich einige Übungen im Stil de Mellos vorstelle. Ich beginne mit einer einfachen Übung.

नेति नेति

Neti Neti

Diese beiden Worte aus dem Sanskrit bedeuten:
„Nicht dieses, nicht jenes" – sie sollen den Schüler ermahnen,
äußere Erscheinungen nicht für die letzte Wirklichkeit zu halten.

1 Meditation mit meinen Atem

Kommen Sie allmählich zur Ruhe...

Nehmen Sie eine entspannte, bequeme Haltung ein...

Atmen Sie langsam und tief...

Atmen Sie ein, und zählen Sie dabei langsam bis vier...

Atmen Sie aus... – Atmen Sie mit einem tiefen Seufzer aus...

Wiederholen Sie diese tiefen und langsamen Atemzüge einige Minuten lang...

Werden Sie ganz still...

Fühlen Sie die Ruhe...

Hören Sie die Stille…

Spüren Sie den natürlichen Rhythmus des Atems…

Konzentrieren Sie sich auf Ihren Atem: Achten Sie auf die kühle Luft, die beim Einatmen durch Ihre Nase strömt…, und die wärmere beim Ausatmen…

Entspannen Sie sich völlig, und lassen Sie Ihren Atem leicht fließen, ohne Anstrengung…

Werden Sie sich Ihres natürlichen Atems bewußt…

Achten Sie immer darauf, ob Ihr Geist abschweift, und kehren Sie wieder bewußt zu Ihrem Atemrhythmus zurück…

Wenn Sie diese Übung eine kurze Zeit gemacht haben, kommen Sie wieder zur gegenwärtigen Zeit und zum jetzigen Ort zurück.

नेति नेति

2 Sich lösende Spannung

Bewegen Sie sich mit Ihrer Aufmerksamkeit langsam durch die verschiedenen Teile Ihres Körpers: Beginnen Sie mit der Stirn. Spannen Sie Ihre Stirn leicht an, halten Sie die Spannung für einen Moment, und lösen Sie sie dann ganz ..

Nun gehen Sie zu den Augen… zum Mund… zum Nacken… zu den Schultern… zur Brust… zum Magen… zum Gesäß… zu den Beinen… und den Füßen… Spannen Sie der Reihe nach jeden Körperteil an, halten Sie die Spannung zwei oder drei Sekunden, lassen Sie die Spannung dann ganz los, und spüren Sie eine kurze Zeit diesem Gefühl der Entspannung nach…

Wenn Sie diese Übung mit jedem Körperteil gemacht haben, werden Sie sich sehr gelöst fühlen. Lassen Sie vom Geist und Körper alle Spannungen los…

Erspüren Sie die Stille in sich…

Zum Ende dieser Übung strecken Sie sich ausgiebig und genüßlich.

3 Meditation am Meeresufer

Machen Sie zunächst eine der beiden soeben vorgeschlagenen Vorbereitungsübungen...

Stellen Sie sich dann vor: Sie befinden sich allein an einem Meeresufer...

Denken Sie über Bereiche/Gewohnheiten/Beschäftigungen in Ihrem Leben nach, die während des vergangenen Jahres allzu großen Raum eingenommen und durch die Sie sich von der inneren Wirklichkeit Ihres Lebens und Ihrer Person entfernt haben; suchen Sie nach diesen eher äußeren, übergewichtigen Dingen...

Wenn Sie etwas gefunden haben, von dem Sie möchten, daß es weniger zeitaufwendig ist, suchen Sie nach einer Hoffnung, einer Sehnsucht, einer Vision, die Sie (vielleicht schon lange) vernachlässigen...

Wie können Sie Zeit schaffen für diese grundlegenden Lebensthemen? Geben Sie sich jetzt Zeit, Raum und Alleinsein...

Beim zweiten Teil dieser Imaginationsreise stellen Sie sich vor – aber nur, wenn es Sie nicht zu sehr erschreckt: Sie liegen in Ihrem eigenen Grab...

Betrachten Sie aus diesem Blickwinkel Entscheidungen, die Sie in Ihrer gegenwärtigen Lebenssituation gerade fällen oder fällen wollen...

Diese Übung rückt das eigene Leben nach Rang und Wertigkeiten ins ruhige Licht.

नेति नेति

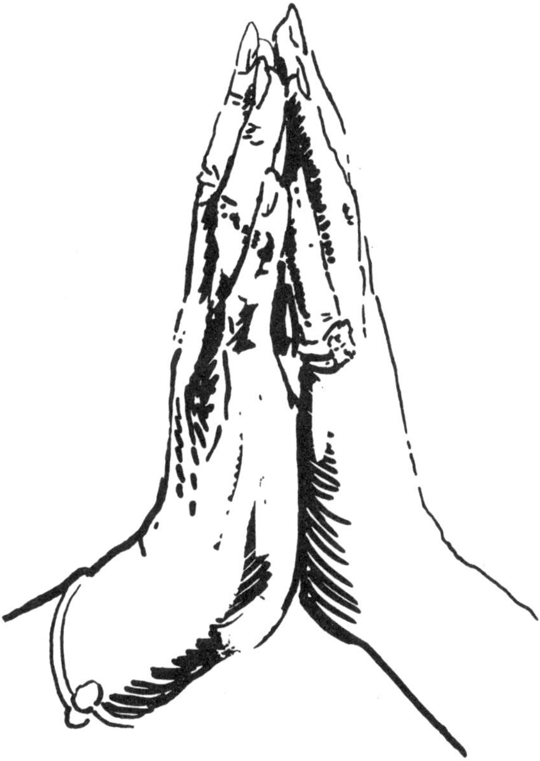

Anajali Mudra:
„Ich verneige mich vor dem Licht, das in dir ist."

Mit dem Namaskar, dem traditionellen indischen Gruß; grüßt man einen gleichrangigen Menschen; dabei sind beide Hände, mit den Innenflächen zueinander, auf Brusthöhe. In Anwesenheit eines verehrten Menschen oder einer Gottheit erhebt man die Hände zur Stirn.

2
Beginnen

> Ziel der Meditation ist es, sich zu wandeln,
> nicht, gut zu meditieren.
> SANGHARAKSHITA

Kardinal Basil Hume sagte: Wenn Menschen nur dann beten, wenn sie das Bedürfnis danach verspüren, würden sie es selten tun. – Können wir uns auf so etwas wie Prinzipien und Verfahrensweisen des Betens stützen, die hilfreich sind? Im folgenden geht es darum, sich ihnen zu nähern; für Menschen in kleinen Gebetsgruppen geeignet. Nicht minder wertvoll können sie für jene sein, die versuchen, allein zu beten. In den letzten Jahren habe ich in Erwachsenen- und Jugendgruppen mit Imaginationsreisen, Bibelmeditationen und Stille-Übungen gearbeitet. Die Teilnehmer baten mich immer wieder, in einfachen Worten aufzuschreiben, wie man heute beten könne. Sie fragten sich: Möchte ich wirklich beten? Kann ich überhaupt beten? Wie finde ich die richtige Zeit zum Beten? Wo soll ich beten? Was kann mir beim Beten helfen?

Folgende grundlegende Hinweise sollen diese Fragen beantworten.

Einen guten Ort finden

Ihre erste Aufgabe wäre es, einen guten Ort zu finden. Sie brauchen einen Raum, der ganz ruhig und nicht zu kalt ist, in dem sowohl Sie als auch die Teilnehmer sich ganz geborgen fühlen.

Ein Teppich auf dem Boden und Stühle mit gerader Rükkenlehne sind nützlich, ebenso ein paar Kissen. Ich benutze auch, wenn möglich – und empfehle es – stufenlos verstellbares Licht, um dem Raum – je nachdem – eine angenehmere Lichtdämpfung zu geben, und Kerzen, die eine besinnliche und atmosphärische Wirkung haben. Ich stelle auch ein großes Taizé-Kreuz im Raum auf, um mir selber klar zu werden, was mein Ziel ist.

Vielleicht hören sich diese Vorbereitungen zu aufwendig, zu intim, zu ich weiß nicht was an – oder Sie sehen sie außerhalb Ihrer Möglichkeiten? Ich kenne eine Gemeinde, die genau solch ein Gebetszentrum, bei einfachen Maurerarbeiten beginnend, ausgestattet hat, was nur ein paar hundert Mark verlangte, wenn dafür auch Geld gesammelt oder geborgt werden mußte.

Von Vorteil ist es, möglichst immer denselben Raum zu benutzen, da die Umgebung, für die man sich entschieden hat, nach und nach eine Aura spiritueller Stille annehmen wird.

Zeit finden

Obwohl grundsätzlich jede Zeit geeignet ist, sind manche Stunden jedoch günstiger. Viele halten es für sinnvoll, die tägliche Gebetszeit an den Tagesbeginn zu legen, weil am Ende eines ereignisreichen Tages die Gedanken oft sehr ruhelos sind und die nötige Konzentration Mühe macht, wogegen am frühen Morgen alles Äußere noch relativ still ist.

Seine eigene innere Uhr zu kennen ist dabei nützlich. Auf diese Weise wissen Sie, welche Zeit zu beten Ihnen am willkommensten ist.

In Gruppen sollten die einzelnen Teilnehmer ihre günstigste Zeit nennen, so daß man dann miteinander zu einer Vereinbarung kommt.

Die Gebetszeit beginnen

Die ersten Augenblicke können Schlüsselmomente sein. Hier gibt es viel zu tun. Die Gruppenmitglieder lassen sich nieder und sammeln sich innerlich. Besonders auf die jüngeren

Gruppenmitglieder gilt es zu achten. Nehmen Sie sich Zeit, damit sich bei den Teilnehmern der innere Raum für das Gebet aufbauen kann. – Ich habe dem Ende eines jeden Kapitels auch einführende Übungen angefügt, die Sie in diesem Sinne für sich selbst oder bei der Gruppenarbeit anwenden können.

Gewöhnlich zünde ich zu Beginn eine Kerze an, verdunkle dann den Raum und lasse leise Meditationsmusik laufen. Dann lade ich die Teilnehmer ein und bitte sie, sich auf das nun beginnende gemeinsame Tun zu konzentrieren und sich mit ihrer Achtsamkeit in Gottes Gegenwart zu begeben. Ich spreche still und langsam weiter, wobei ich sie um ihr achtsamstes Bewußtsein bitte für das, was wir jetzt miteinander tun wollen. – Ich lade dann dazu ein, sich auf den Atemrhythmus zu konzentrieren und sich seiner ganz bewußt zu werden.

Diese langsam und still gesprochene Einführungsphase hat zum Ziel, den inneren Raum zu bereiten, jeden der Anwesenden zur Ruhe und Stille hin zu sammeln. Probleme können entstehen, wenn dieser Phase zu wenig Zeit gewidmet wird. Ich lasse lieber mehr Zeit für eine intensive Einführungs- und Einstimmungsphase, als zu rasch die eigentliche Meditations- oder Gebetsphase zu beginnen; denn erfahrungsgemäß bleibt mein Bemühen sonst eher erfolglos, und die Teilnehmer fühlen sich überfordert. Besser ist es, erst dann damit zu beginnen, wenn die Gruppe sich spürbar gesammelt hat, gesammelt in einem stillen Seelenraum, in dem sie hoffentlich Gott finden oder er sie.

Ich kann nicht genug darauf hinweisen, daß dieser inneren Sammlung der Gruppe aus meiner Erfahrung höchster Vorrang zukommt, möchte man ihr die Tür zu einer fruchtbaren und gebetsintensiven Erfahrung öffnen. Deswegen stelle ich soviel Zeit wie jeweils nötig zur Verfügung, damit eine gute, offene, meditative Atmosphäre entstehen kann. Lieber gebe ich Dreiviertel der vorgesehenen Gesamtzeit für die innere Sammlung der Gruppe und widme dann erst die verbleibende Zeit dem Gebet, als zu schnell mit dem vermeintlich Eigentlichen zu beginnen. Andernfalls besteht nach meinen Erfahrungen nur eine kleine oder gar keine Chance für eine fruchtbare Meditation.

Eine kleine Geschichte veranschaulicht, was für mich hier der Dreh- und Angelpunkt ist. Ich erinnere mich an einen berühmten Löwen-Dresseur, der als Höhepunkt jeder Zirkusvorstellung seinen Kopf in das Maul des Löwen steckte. In einer Radiosendung wurde er gefragt – als er sich von seiner Arbeit als Dresseur zurückgezogen hatte und noch bei guter Gesundheit war –, wie er so erfolgreich geworden sei. „Jeden Abend", sagte er, „während ich auf dem Weg in den Löwenkäfig war, sprach ich leise mit dem Publikum, das gekommen war, die Show zu sehen; aber in Wirklichkeit arbeitete ich mit meiner Lieblingslöwin Betsy – in deren Maul ich später meinen Kopf stecken sollte – in der Hoffnung, die Stimmung der Tiere in ihrer Gruppe zu erspüren. Ich kraulte meine Löwin erst am Hinterteil, bevor ich die ganze Gruppe begrüßte. Meine Löwin knurrte jedes Mal. Ein paar Augenblicke später tätschelte ich Betsy an der Seite, und sie knurrte wiederum. Noch etwas später streichelte ich ihren Kopf und hörte auf ihr abschließendes Knurren. Aufgrund meiner Wahrnehmung entschied ich, ob ich meinen Kopf an diesem Abend in ihr Maul stecken würde. Auf diese Art und Weise behielt ich meinen Kopf."

Ähnliches könnte ich über die Vorbereitung der Gebets- und Imaginations-Übungen mit jungen Menschen sagen. Die ersten Minuten verbringt man damit, die Atmosphäre und die Stimmung der Gruppe zu erspüren. Davon hängt die Tiefe des späteren Betens in der Gruppe wesentlich ab.

Den Atem beobachten

Anthony de Mello sagte gewöhnlich, daß in der Gebetsform des Ostens der Atem dein bester Freund sei. Ich nehme mir meist etwas Zeit, den Teilnehmern zu erklären, wie sie sich ihres Atems bewußt werden und ihn beobachten können. Einen gleichmäßigen Atemrhythmus aufzubauen hilft uns, uns in die spätere Übung einzufinden. Die Vorstellung, das Licht einer Kerze ein- und auszuatmen, kann dabei hilfreich sein. Wenn Sie eine Kerze haben, stellen Sie sie in die Mitte der Gruppe. Wenn Sie Ihre Augen fast schließen, werden Sie goldene Lichtfunken aus der Kerzenflamme sprühen sehen. Stellen Sie sich vor, dies sei das Licht der Seele, und so atmen Sie die Seele ein und aus.

Ich empfehle, zu Beginn beim Ein- und Ausatmen innerlich mitzuzählen, um das Ein- und Ausatmen zu einem gleichmäßigen Rhythmus zu führen.

Lassen Sie Ihren Mund geschlossen, und stellen Sie sich vor, wie die Luft durch Ihre Nase in den hinteren Rachenraum bis zu Ihren Schultern strömt, die Arme hinunter bis tief zu Ihrem Magen- und Bauchbeckenraum. Stellen Sie sich beim Einatmen vor, Sie nehmen den Frieden Christi oder die Harmonie, die Sie in Ihrem Leben suchen, in sich auf. Stellen Sie sich beim Ausatmen vor, wie alle Spannungen, Enttäuschungen, wie Ärger und Aggressionen ausfließen, die Sie seit Ihrer letzten Meditation angesammelt haben; spüren Sie nach, aber erzwingen Sie nichts. Wenn Ihr Geist abschweift, bringen Sie ihn ruhig und wohlwollend wieder zu Ihrem Atemturnus zurück. Seien Sie geduldig.

Eine zweite Übung mag Ihnen helfen, sich innerlich zu sammeln: Stellen Sie sich vor, Sie beginnen Ihre Gebetsstunde im Erdgeschoß eines Gebäudes. Sie steigen dann in den Keller hinab. Stellen Sie sich die Stufen vor, die Sie langsam hinuntergehen, nehmen Sie sich Zeit für jeden Schritt, bis Sie an einen Ort tief in Ihrem Innern gelangen, wo Sie mit Ihrem Gott sprechen können.

Wenn Sie diese Methode anwenden, denken Sie daran, die Gruppenmitglieder am Ende der Sitzung die Stufen wieder langsam hinaufzuführen, so daß sie friedvoll ins Hier und Jetzt zurückkehren können.

Ablenkungen

Welche Gebetsweise Sie auch anbieten, Sie werden vielleicht bemerken, daß sich Störungen verschiedener Art – im eigenen Innern oder um einen herum – bemerkbar machen. Sobald Sie sich ihrer bewußt werden, nehmen Sie sie einfach nur wahr, und kehren Sie wieder zu Ihrer Meditation zurück. Wir können Ablenkungen nicht verhindern, sie nicht bekämpfen. Wenn sie also auftauchen, dulden Sie sie, und erlauben Sie ihnen weiterzuziehen, indem Sie sich ihrer bewußt werden. Folgender Satz kann Ihnen dabei helfen: „Unterbrich mich jetzt bitte nicht, später will ich dir meine Aufmerksamkeit schenken." Halten Sie sich an diese Abmachung; denn diese Ablenkungen können Ihnen wirklich etwas über Sie erzählen.

In der westlichen Welt schenken die Menschen ihrem Atem nicht so viel Aufmerksamkeit wie in den fernöstlichen Ländern. Dort weiß man, daß unser Atmen eng in Wechselbeziehung zu unserem körperlichen und auch seelischen Befinden steht. Wenn wir überfordert und angespannt sind, wird unser Atem unregelmäßig, keuchend, flach, stoßartig etc. Unser Körper kennt unseren Seelenzustand. Unser Geist kennt ihn auch. Unsere Atmung wird entsprechend flach oder tief, schnell oder langsam. Beachten Sie, was für Sie zutrifft. Schließen Sie dabei Ihre Augen.

Im Gebet versuchen wir, den Verstand zur Ruhe zu bringen, der einem Teich ähnelt, dessen Oberfläche die Sonne nicht reflektieren kann, wenn ihn Windstöße voller Ärger und Verwirrung aus der Ruhe bringen. Indem man die Augen schließt, kann man sich auch den Ablenkungen gegenüber verschließen. Während wir meditieren, erbringen wir eine geistige Leistung, die auch körperlich einiges von uns abverlangt. Ablenkungen durch Schmerzen und Beschwerden in Rücken und Beinen sind nichts Ungewöhnliches. Wir müssen eine Stellung finden, die dem Körper, so lange wir es wollen, vollkommen behagt. Nehmen Sie eine Stellung ein, bei der Kopf und Rückgrat aufrecht sind und der ganze Körper ruhig und gleichzeitig aufmerksam, jedoch entspannt und in einer bequemen Lage verweilt. Ihr Stuhl sollte eine gerade Rückenlehne haben, so daß die Rückenwirbel genau übereinander stehen. Jüngere Menschen wählen manchmal eine krumme Haltung, weil es angeblich so bequemer sei. Über längere Zeit ist es das jedoch nicht. Ebenso ist ein Sessel ungeeignet, obwohl er attraktiv erscheint. Normalerweise zeige ich den Gruppenmitgliedern einen „Gebetsstuhl" und erkläre ihnen seine Funktion: Mit ihm kann die betende Person eine Haltung einnehmen, die sowohl bequem als auch besinnlich und hellwach ist. Da der Gebetsstuhl die aufrechte Haltung fördert, unterstützt er den ruhigen Rhythmus des Atems.

Liegen

Bei Gruppenarbeit rate ich ungern zu dieser Position, außer die Gruppe ist eingewöhnt und erfahren. Wenn Mitglieder diese Gebetshaltung ausprobieren wollen, sollten sie ein Kissen und eine Decke mitbringen. Das Kissen benutzt man als Kopfstütze und die Decke als Unterlage oder, falls es kühl ist, um sich mit ihr zuzudecken. Die Beine liegen ausgestreckt und werden nicht übereinandergeschlagen, die Arme liegen an der Seite. Diese Gebetshaltung ist durchaus hervorragend, hat jedoch einen entscheidenden, leicht erkennbaren Nachteil: Man schläft sehr leicht ein. Um das zu verhindern, hat einer meiner Freunde sich folgende Methode ausgedacht: Er hält beide Arme ausgestreckt in die Luft, während er auf dem Boden liegt. Wenn er schläfrig wird, fallen beide Arme auf den Boden. Auf diese Weise wacht er auf, bevor der ungewollte Schlaf ihn übermannt.

Die Yoga-Haltung

In indischen Ashrams oder Gebetszentren praktiziert man den „ganzen Lotossitz" als die ideale Gebetshaltung. Eigentlich wird jede Körperhaltung, die einen höheren Bewußtseinsstand unterstützt, mit dem alten östlichen Begriff „mudra" bezeichnet. Der „ganze Lotossitz" besteht aus sieben Aspekten. Eine weise indische Frau erklärte mir, daß Europäer nicht ohne ernstliche Verletzungen diese Sitzhaltung einnehmen könnten. „Wir sind von Geburt an daran gewöhnt", erläuterte sie. „Versuchen Sie doch den ‚halben Lotossitz'."

Für diesen Sitz benötigt man ein festes (Meditations-)Kissen, auf das man sich mit dem Rücken zur Wand setzt. Kreuzen Sie Ihre Beine, und legen Sie die Füße mit der Sohle nach oben auf den Oberschenkel des jeweils anderen Beines. Halten Sie Ihren Rücken gerade und aufrecht. Meistens liegen die Hände, schalenförmig ineinandergelegt, im Schoß, beide Handflächen nach oben, so daß sich die Daumenspitzen leicht berühren. Lassen Sie Ihre Schultern entspannt, und schließen Sie Ihre Augen, oder halten Sie sie nur leicht geöffnet.

Zuhören

Wir verbringen bewußt oder unbewußt viel Zeit mit dem Hören. Wir hören Freunden zu, Familienmitgliedern, unseren Kollegen und Partnern, den Menschen, denen wir bei unserer täglichen Arbeit, in Geschäften oder auf der Straße begegnen. In unserer Freizeit schalten wir das Radio oder das Fernsehen an, hören mit einem Ohr zu und sind uns immer der gedämpften Töne unserer Umgebung bewußt.

Durch diese Art Hören haben wir fast eine Fertigkeit entwickelt. Wir nehmen die verschiedenen Stimmungslagen der Menschen wahr, ihre Einstellung und ihre Gefühle, ihre Offenheit und ihre Ehrlichkeit. Wir wissen, dem Gehörten nützliche Informationen zu entnehmen und in Beziehung zu uns selbst zu setzen.

In der unten beschriebenen Meditation hören wir auch zu – wir hören der zarten Stimme unseres Geistes zu, der in uns flüstert; wir hören unserem Körper und unseren Launen zu, die laut schreien können, und wir hören der Stimme Gottes zu, der sich in all dem Lärm Gehör verschaffen möchte.

Ein altes chinesisches Sprichwort sagt, daß der schwerste Teil einer Reise der erste Schritt ist – das Wagnis anzufangen. Wie bei jeder aufregenden Reise gibt es Hunderte von Gründen, warum man sich der Herausforderung bewußt stellen sollte; aber, wie ein sehr erfahrener Reisender gesagt hat, letztendlich ist der beste Rat, wenn man leben will: „Geh einfach los!"

4 Christus vor mir

Lassen Sie sich ganz in diese Übung nieder: Sammeln Sie sich, und werden Sie sich Ihres Atems bewußt...

Schließen Sie dann Ihre Augen... (*Manche Menschen haben hiermit große Probleme und müssen während der Gebetszeit behutsam darauf hingewiesen werden, die Augen geschlossen oder nur leicht geöffnet zu halten, um unnötige Ablenkungen zu vermeiden.*)

Stellen Sie sich nun vor, wie Jesus vor Ihnen steht und mit Ihnen spricht...

Nehmen Sie sich Zeit, und lassen Sie die Worte Christi langsam auf sich wirken...

Sie werden vielleicht Liebe und Schmerz zugleich empfinden; denn er kennt Sie besser, als Sie jemals geglaubt haben. Es kann eine heilsame Erfahrung sein...

Auch durch Tränen hindurch können Sie spüren, wie sich viele Spannungen lösen...

(*Nach etwa zehn bis fünfzehn Minuten*): Verabschieden Sie sich nun von Christus mit einem letzten Wort... und kommen dann allmählich in diesen Raum zurück...

नेति नेति

5 Die Frau am Brunnen (I)

Johannes 4,5–30

Lesen Sie zunächst den Text aus der Bibel...

Beginnen Sie dann damit, sich in Gottes Gegenwart zu begeben und dort gleichsam Platz zu nehmen...

Füllen Sie nun den Körper mit soviel Luft, wie Ihnen möglich ist, und versuchen Sie dann, sie so kräftig wie möglich auszustoßen...

Beginnen Sie, langsam und tief mit geschlossenem Mund zu atmen; atmen Sie durch die Nase ein und aus und zählen Sie Ihre Atemzüge; denken Sie an nichts anderes...

Richten Sie nun mit geschlossenen Augen Ihre Aufmerksamkeit auf Ihre Vorstellungskraft, Imagination genannt. Eine aktive – d.h. mit vorgegebenen Bildern geleitete – Imagination erlaubt dem Ich, lebendig am Dialog zwischen dem Bewußten und dem Unbewußten in uns teilzunehmen…

Stellen Sie sich vor: Sie befinden sich an einem Sommertag auf dem Land…

Sie gehen eine Weile so dahin und sehen dann einen tiefen Brunnen…

Da es ein warmer Tag ist und Sie durstig sind, beginnen Sie zu trinken…

Setzen Sie sich nun in den Schatten eines nahen Baumes und stellen sich Jesus vor, wie er erschöpft von seiner Tagesarbeit zum Brunnen kommt…

Jetzt bemerken Sie die Frau mit einem Krug in den Händen, wie sie Wasser für ihren täglichen Bedarf schöpft…

Sehen Sie, wie Jesus ein Gespräch mit ihr beginnt. Vielleicht reagiert sie aus Angst oder Mißtrauen zuerst ablehnend. Schließlich jedoch beginnen sie sich zu unterhalten, und das Eis ist gebrochen…

Sie bittet ihn nach einer Weile um lebendiges Wasser…

Nehmen Sie sich Zeit, und lassen Sie Jesus auch zu Ihnen kommen…

Hören Sie, was er Ihnen in Ihrer Imagination sagt. Was fragt er Sie?… Was antworten Sie?…

Wenden Sie jetzt Ihre Aufmerksamkeit dem Tag Ihrer Taufe zu. Spüren Sie das kalte Wasser, das der Priester über Ihre Stirn gießt, und erfahren Sie den lebendigen Geist und die heilende Zuwendung Gottes, die Ihr ganzes Wesen ausfüllt…

Halten Sie jetzt ein wenig inne – erleben Sie in diesem Augenblick Ihre vielleicht unterschiedlichen Gefühle…

Lassen Sie sich Zeit mit Christus – teilen Sie Ihre Gefühle mit ihm…

नेति नेति

6 Die Frau am Brunnen (II)

Johannes 4,5–30

Lesen Sie zuerst die Geschichte aus dem Johannes-Evangelium...

Finden Sie, wie gewohnt, zur Stille – werden Sie sich dabei all der Geräusche, die Sie außerhalb des Raumes hören können, bewußt...

Richten Sie dann Ihre Aufmerksamkeit hinein in den Raum und entdecken Sie, welche Geräusche Sie hier hören können...

Wenden Sie schließlich Ihre Aufmerksamkeit nach innen und beobachten Sie, welche Geräusche Sie in Ihrem Inneren vernehmen können. Vielleicht können Sie die Luft hören, die ruhig durch Ihre Nase strömt...

Beachten Sie Ihre Atmung; sie hilft Ihnen, in die Stille zu finden. Gottes Offenbarung kann man am besten in Stille empfangen...

Sie haben die Geschichte aus dem Johannes-Evangelium von der Frau am Brunnen gelesen – verweilen nun bei den Stellen, die in Ihnen etwas angerührt haben:

Vielleicht ist es dies, daß Jesus die Frau anspricht – oder sie ihn um etwas bittet...

Sie fragt sich, warum dieser Meister mit ihr spricht; das ist in ihrer Gesellschaft nicht üblich. Sie weiß, sie ist eine Ausgestoßene und kann an ihren Lebensumständen wenig ändern...

Jesus denkt ganz anders...

Wir nehmen hier zwei Ebenen wahr: Die eine – *diese Frau* erhält die Möglichkeit, ihre innersten Wünsche wahr werden zu lassen...

Und die andere Ebene – *auch wir* haben die gleiche Möglichkeit. Spüren Sie dem nach, daß Christus auch mit Ihnen sprechen möchte...

Ja, er möchte mir helfen, meine tiefsten Wünsche zu erfüllen. Bietet er auch mir das lebendige Wasser an? Wenn ja, wo kann ich es finden?...

Matayoni Mudra

Eine Geste der Verehrung
in Verbindung mit der Mutter-Göttin

3
Sich selbst beobachten

> Wer beginnt,
> hat die Tat bereits halb vollführt.
> Horaz

Im hohen Norden von Sambia gibt es ein ganz kleines Dorf, das ich vor einigen Monaten besuchte. Einheimische erzählten mir eine Geschichte, die dort sehr bekannt ist.

Sie handelt von einem einfachen Burschen namens Simon, der sich im Alter von 18 Jahren entschloß, in die Hauptstadt des Landes, Lusaka, zu gehen. Er war das Landleben leid, wollte seinen Weg machen und sein Glück suchen. So ging er fort in die Stadt. Den ersten Tag trottete er vor sich hin, suchte Arbeit und den Beginn seines neuen Lebens.

Doch als der Abend anbrach, fand er sich nicht bessergestellt als in dem Augenblick, als er in der Stadt angekommen war. Er hielt es für einen klugen Entschluß, ein Obdach für die Nacht zu suchen. Dieses Vorhaben stellte sich nicht als besonders einfach heraus; denn eine Unterkunft war schwer zu finden und teuer, und Simon hatte nur wenig Geld. Endlich entschloß er sich, den Menschenmassen zu folgen, die er vorbeiziehen sah und von denen er annahm, sie seien auf der Suche nach einem bescheidenen Lager. Schließlich machten die meisten von ihnen am Vorplatz des Hauptbahnhofs halt; hier ließen sie sich nieder, um zu schlafen, entweder einzeln oder in Gruppen.

Der arme Simon entschloß sich, genau dasselbe zu tun; aber da er ein einfacher Junge vom Land war und niemals vorher solche Massen gesehen hatte, war er vollkommen verwirrt von der riesigen, wuseligen Menschenansammlung, die sich um ihn herum niederließ. „Wie soll ich mich am nächsten Morgen bloß wiederfinden“, sagte er sich, „bei so vielen durcheinander gewürfelten Menschen, mit all ihren miteinander verschlungenen Armen und Beinen?"

Ihm kam eine Idee. Er hatte in seiner Tasche einen Luftballon, zog ihn heraus, blies ihn auf, und mit einem Bindfaden befestigte er ihn an seinem Fuß. So, dachte er, müsse er beim Aufwachen am Morgen ja nur noch in die Luft sehen, und da, wo er den Ballon entdeckte, würde er wissen, daß er an ihm festgebunden sei. Und das tat er dann auch. Er band den Ballon an einem Knöchel fest und legte sich glücklich zum Schlafen nieder, zufrieden mit dem Wissen, daß er beim Erwachen nur noch den Luftballon in der Luft suchen müsse, um herauszufinden, wo er sei.

Unglücklicherweise befand sich auf dem Bahnhofsvorplatz ein Witzbold, der das ganze Treiben bemerkt hatte und sich einen Spaß auf Kosten des einfachen Burschen machen wollte. Sobald Simon eingeschlafen war, näherte sich ihm der Spaßvogel und löste den Ballon von Simons Fuß. Dann ging er an eine andere Stelle des Bahnhofes und band den Ballon an seinem eigenen Fuß fest.

Simon erwachte am nächsten Morgen, sah sich in seiner Nähe um, konnte aber nichts entdecken. Nach einiger Zeit bemerkte er den Ballon, der unbekümmert auf der anderen Seite des Bahnhofsplatzes in der Luft flatterte, und sagte sich: „Wenn ich nicht einmal mich selber finden kann, dann bin ich in großen Schwierigkeiten."

Diese Geschichte veranschaulicht auf sehr nette Weise eine der Absichten des Gebets. Wir versuchen, zu Gott zu sprechen, ihm zuzuhören, uns selber zu beobachten und uns so zu sehen, wie Gott uns sieht. Mit der Gebetsweise Anthony de Mellos versuchen wir, uns gegenüber ehrlich zu sein, wer wir sind, wohin wir gehen, und wir tun unser Bestes, uns darüber bewußt zu werden, in welcher Beziehung wir zu den Menschen um uns herum und zu unserem Gott stehen. Dies wird besonders offensichtlich in den Imaginations-Übungen, die de Mello sehr gerne bei seinen Kursen einsetzte. Imaginations-Übungen als Gebetsform zu verwenden, erscheint aus westlicher Sicht sehr neuartig, ungewohnt, vielleicht zweifelhaft; doch für de Mello mit seinem östlichen

Hintergrund war sie auch eine vertraute Weise zu beten. Sie ist inzwischen vielen Erwachsenen und besonders auch jungen Menschen durchaus hilfreich. Zumindest sind dies meine Erfahrungen bzw. Beobachtungen.

Das Marmeladenglas …

Eine kurze Geschichte mag auf ihre Weise erklären, wie nützlich Imaginationsmeditationen sein können. In meiner Kinderzeit strömte direkt an meinem Elternhaus ein kleiner Fluß vorbei. Mit meinen Brüdern und Schwestern stand ich oft am Ufer, um Fische zu fangen. Das ging dann so: Wir nahmen große, leere Marmeladengläser und wickelten einen langen Bindfaden um den Hals des Glases. Dann tauchten wir das unverschlossene Glas vorsichtig seitwärts ins Wasser. Die winzigen Fische, von Natur aus schüchtern und neugierig zugleich, schwammen um die Öffnung des Glases, jedoch nie hinein; doch stupsten sie ihre Schnauze oft an den Rand des Glases und untersuchten den neuen Gegenstand, der in ihr Revier eingedrungen war.

Das war der lang erwartete Moment. Wir mußten dann die Schnur, die an dem Hals des Marmeladenglases festgemacht war, schnell aus dem Wasser ziehen. Und wenn wir schließlich das Glas in den Händen hielten, war es voll von trübem und schlammigem Wasser. Selbst wenn man es gegen das Licht hielt, konnte man kaum erkennen, ob man irgend etwas Lohnendes oder nichts gefangen hatte. Daraufhin trugen wir die Marmeladengläser mit ihrem schlammigen Inhalt vorsichtig nach Hause, ließen den Schlamm im Marmeladenglas sich über Nacht setzen, und am nächsten Morgen entdeckten wir, daß – während wir geschlafen hatten – große Dinge vor sich gegangen waren. Schlick wird, wenn er Zeit hat, sich zu setzen, ruhig und beginnt, sich zu klären. Genauso war es mit unserem Glas. Weil wir ihm Zeit gegeben hatten, sich über Nacht zu setzen, filterte der Schlick sich von alleine, und wir konnten nun klar erkennen, ob sich darin etwas Lohnendes fand.

Ein Imaginationsgebet kann einen ähnlichen Effekt auf uns haben. Die meisten von uns sind so beschäftigt und immer auf Trab, daß wir uns selten die Zeit nehmen, unsere Erfahrungen und Eindrücke, unsere Gedanken und Gefühle sich setzen zu lassen. So fällt es uns schwer herauszufinden, welche Dinge uns im Leben wirklich wichtig sind. Das Imaginationsgebet gibt uns die Möglichkeit, eine Pause zu machen, uns zu setzen, unser Inneres still werden zu lassen, und dann – in der Stille – offenbart sich uns unser Innerstes und in ihm vielleicht der lebendige Christus.

Franz Kafka sagte: „Ich bin zwangsläufig dazu verpflichtet, mich zu beobachten. Wenn mich jemand beobachtet, muß auch ich mich beobachten. Wenn mich niemand beobachtet, muß ich mich um so genauer beobachten."

In seiner Autobiographie sagt Ignatius von Loyola etwas Ähnliches. Er erzählt, daß er sich regelmäßig Zeit ausbitte, um still werden und um über sein Leben nachdenken zu können. Er betrachtete dies als eine lebenswichtige Übung und war sich gewiß, daß Gott ihm großen Segen zuteil werden ließ, als er bei einem Kampf in jungen Lebensjahren verletzt wurde und seine Wunden langsam verheilen lassen mußte. In dieser Ruhezeit blickte er auf die jüngst vergangenen Vorkommnisse zurück und erkannte, welche Bereiche seines Lebens Früchte trügen und welche unfruchtbar seien. „Geh dorthin zurück, wo du Früchte gefunden hast", sagte er.

Mit anderen Worten: Wenn wir Zeit zur Besinnung finden, können wir entdecken, wo der Finger Gottes in unserem Leben in den vergangenen Monaten seinen Abdruck hinterlassen hat. Wenn wir uns dessen bewußt sind, können wir erkennen, wo wir mehr Zeit und Energie einsetzen sollten, wollen wir künftig Christus bereitwilliger, aufmerksamer, offener begegnen.

Der Gedanke, sich zurückzuziehen und „einfach nur" still mit uns und Christus zu sein, ist natürlich nicht neu. Viele Meister der Spiritualität empfehlen es. Sie raten uns, uns Zeit zu nehmen, um einfach nur dazusitzen, still zu sein, nichts mehr zu tun, als Christus anzuschauen und ihm zuzuhören. Doch leider muß ich zugeben, daß dies leichter gesagt als getan ist.

Anthony de Mello lehrte uns, daß in vielen buddhistischen Zentren die Gläubigen viel Zeit damit verbringen, nur dazusitzen und zu schauen. Bei seinen Besuchen solcher Zentren wurde ihm geraten, dazusitzen und die Vögel oder die Bäume oder die Schönheit der Natur zu beobachten.

Einfach nur sein

Mir selbst wurde in einem buddhistischen Ashram in Indien Ähnliches empfohlen, ebenso bei einem Exerzitienkurs in einem franziskanischen Kloster. Ich wollte achttägige Schweigeexerzitien machen und bat den Exerzitienmeister der Franziskaner, mich dabei zu begleiten. Am ersten und auch am zweiten Tag sollte ich einfach nur dasitzen und entspannen – kurzum „einfach nur sein". Ich erwartete, daß er mir Bibelstellen nannte, die ich meditieren sollte; aber die ersten beiden Tage geschah nichts dergleichen. Als ich dem Exerzitienmeister am dritten Tag meinen täglichen Besuch abstattete, bat mich der weise Mann, an den Klippen entlang zu spazieren und den Vögeln beim Brüten zuzusehen, denn es war Brutzeit. Diesem Rat folgte ich. Am vierten Tag sollte ich dann auf dem Klippenrand sitzen und ganz bewußt die Farben des Meeres beobachten. Am fünften Tag erhielt ich einen ähnlichen Rat: Ich sollte mich einfach nur auf einen Stein setzen und zusehen, wie sich die Wolken am Himmel verändern.

Als ich diesen Punkt erreicht hatte, war ich wirklich verzweifelt. Ich bat um ein paar Schriften, um mit ihnen zu arbeiten; aber der Exerzitienmeister war davon nicht besonders angetan. Nach vielen Überredungskünsten gestand er mir nicht mehr als ein formelles Gebet zu. Er war sich, so sehe ich es, der leisen Stimme des Geistes weitaus bewußter und ihr verbundener als ich. Er hatte erkannt, daß ich mich mit jeglicher Art schriftlichen Brimboriums befassen könne und dabei nie Gott wirklich begegnen würde. Durch all meine Geschäftigkeit hielte ich Gott eher davon ab, die Gelegenheit zu ergreifen, wirklich mich zu finden, zu mir und mit mir zu sprechen.

Scott Peck, ein berühmter amerikanischer Autor, sagte, daß er jeden Tag zwei Stunden einfach nichts tue, und spirituelle Schriftsteller aller Jahrhunderte berichten von sich Ähnliches. Anselm von Canterbury (1033–1109), ein großer spiritueller Meister, legte größten Wert auf denselben Punkt:

Laß dich nieder in Ihm!
Betrete die innere Kammer deiner Seele!
Schließ alles aus, außer Gott
und das, was dir hilft, Ihn zu suchen!
Nun, mein ganzes Herz, sprich zu Gott:
Ich suche dein Antlitz, Herr.
Es ist dein Antlitz, das ich suche.

Aurelius Augustinus, ein noch bekannterer, frühchristlicher Bischof, Kirchenlehrer und Autor riet: „Achte darauf, daß dein Leben dieselbe Melodie wie dein Mund singt!" Er meinte damit, daß unser Leben das einzige Buch sei, das andere Menschen lesen; und solange man sich nicht die Zeit nimmt, darüber zu reflektieren, was im eigenen Inneren vor sich geht, kann man sich nicht sicher sein, daß Leben und Mund sich in Harmonie befinden.

Es ist ja wirklich so: Wenn man sich nicht die notwendige Zeit nimmt für ein solches Nach-Denken, kann eine beträchtliche Dissonanz zwischen Wort und Lebenspraxis entstehen. Bill Johnston, irischer Jesuit, der viele Jahre in Japan gearbeitet hat, weist immer wieder darauf hin, daß es im Osten sehr wichtig sei, Zeit zur persönlichen Meditation zu finden. Ein bekanntes Sprichwort sagt: „Setz dich, sei still und lebe im Frieden."

Leben und Mund

Dieses Buch bietet viele Imaginations-Übungen und Bibelmeditationen. Gehen Sie nicht hastig eine nach der anderen durch. Nehmen Sie sich die Zeit, mit ihnen zu *sein*, und wenn Sie die Früchte Ihrer Arbeit ernten wollen, denken Sie an das Wort des Augustinus, mein konkretes Leben das gleiche Lied wie meinen Mund singen zu lassen. Nehmen Sie sich Zeit, Ihr Leben und Ihre Beziehungen anzuschauen, sich in sie hinein zu meditieren. So allein erwachsen Harmonie und Gotteserfahrung.

Diese Weise, sich selbst zu betrachten und herauszufinden, wo und wie Gottes Finger seinen Abdruck im eigenen Leben hinterläßt, kann durchaus auch eine schmerzvolle Erfahrung sein. Ich möchte dazu ein Beispiel erzählen.

Jedes Jahr fiebere ich einem bestimmten Tag entgegen: dem Endspieltag der englischen Fußballmeisterschaft. Ich treffe eifrig Vorbereitungen für dieses Ereignis, d.h. schon am Jahresanfang markiere ich dick das Datum, um auf keinen Fall diesen Tag zu verpassen. Am besagten Tag nehme ich mir frei und sehe mir das Meisterschaftsspiel im Fernsehen an. Obwohl das Spiel selbst nicht vor drei Uhr nachmittags beginnt, fängt die Fernsehübertragung bereits mehrere Stunden vorher an. Ungefähr um elf Uhr geht das Fernsehereignis auf Sendung. Zuerst werden Spots über die Spieler und ihre Familien gezeigt, darauf folgt ein Rückblick über den Meisterschaftsverlauf, die Frühstücksgewohnheiten der Spieler werden enthüllt und mehr der Trivialitäten. Diesen folgen kurze Informationen über die Beschaffenheit der Spielertrikots, über den Zustand des Fußballfeldes und ob irgendwelche Spieler leichte Verletzungen haben.

Endlich, nach stundenlangem Vorgeplänkel, beginnt das eigentliche Spiel. Da das Ereignis so bedeutend ist und die Spieler entsprechend nervös sind, ist das Spiel selbst meist schlecht. Und nicht nur das, oft gibt es auch eine Verlängerung, um eine Entscheidung herbeizuführen. Wenn das ganze Spektakel endlich vorbei ist, habe ich vier oder fünf Stunden vor dem Fernseher verbracht. Auf jeden Fall fühle ich mich am Abend dieses Ereignisses regelmäßig träge, lustlos und ausgelaugt. Es ist jedesmal dasselbe – und trotzdem falle ich immer wieder darauf herein. Man muß (bis an die Schmerzgrenze) selbstkritisch und ehrlich sein, wenn man an seinem Verhalten etwas ändern will, oder?

Genau das Gegenteil erlebe ich bei meinen täglichen Ritualen. Ich habe es mir zur Gewohnheit gemacht, das Wochenende über in den Bergen zu wandern. Manchmal sind die Wetterverhältnisse beim Losgehen wenig verlockend. Obwohl ich häufig versucht bin, das ganze Unternehmen aufgrund des schlechten Wetters abzublasen, weiß ich aus Erfahrung, daß die anstrengende Wanderung sich mehr als lohnen wird. Ich bin kein einziges Mal nach Hause zurückgekommen, ohne mich belebt und beschwingt zu fühlen. Daher gehe ich auch bei unangenehmem Wetter los.

Wenn ich diese beiden Erfahrungen vergleiche, erkenne ich, daß mich die erste unbefriedigt läßt, obwohl ich sie voller Ungeduld erwartet habe. Die zweite dagegen – das Wandern in den Bergen und das Zwiegespräch mit der Natur – zahlt mir die geleistete Anstrengung um ein Vielfaches zurück. Also denke ich: Nur wenn man sich Zeit nimmt und über solche Erfahrungen nachdenkt, kann man genau erkennen, was uns der Geist zu lehren sucht. Oftmals ist das, was man vermeintlich für Lebensfreude hält, in Wirklichkeit das Gegenteil.

Ignatius von Loyola war ein Meister dieser Wahrnehmungsweise, und auch Anthony de Mello war ein solcher. Beide schlugen Gebetswege vor, auf denen wir herausfinden können, was segensreich und was schädlich für uns ist. Sie stellten sich und anderen folgende Frage: „Welcher Teil des Gebetes berührt dich?" Mit dieser Frage läßt sich mehr über das eigene Glaubensleben erfahren und auch darüber, wo/wie Gott mich zu erreichen sucht. Eine andere Frage, dies herauszufinden, lautet: „Wo hat mein Leben Frucht getragen?" Wenn ich mich an solche Stellen erinnere, zu ihnen geistig, imaginativ zurückkehre und ihnen eine angemessene Zeit und Aufmerksamkeit schenke, kann ich daraus großen Nutzen für meinen inneren Weg, für mein Leben insgesamt ziehen.

Ignatius war ein Meister des meditierenden Rückblicks, der „révision de vie", und ein inspirierender Lehrer hinsichtlich der geistigen und geistlichen Dimension des Lebens. In seiner Autobiographie beschreibt er, wie ihn der Geist führt, so daß er erkennen und wahrnehmen kann, was gut für ihn und seinen geistigen, geistlichen Weg ist und was ihm wahrscheinlich dauerhaft schadet. Als junger Mann zeigte er kaum Interesse am Geistesleben. Sein Leben kreiste um Selbsterfüllung. Als er bei einem Kampf für seinen Prinzen – ich erwähnte es bereits – eine schwere Verletzung am Bein davontrug, veränderte sich abrupt seine Gesinnung. Da er lebensgefährlich verletzt war, brachten ihn seine Freunde ins Krankenlager aufs Schloß, wo er sechs Monate lang verbissen um sein Leben kämpfte. Diese sechs Monate wurden zu den wichtigsten seines Lebens. Der Geist führte und lehrte ihn, so wie ein Lehrer seine Schüler lehrt. Er lernte, seine Aufmerksamkeit von der weltlichen auf die geistige Ebene zu heben. Er erkannte, daß Gott ihm in alltäglichen Lebenssituationen begegnet. Er fand Gott in allen Dingen. Wer könnte dies nicht erfahren, wenn er nur lernte, sich selbst und das, was ihm wahrhaft Leben gibt, zu erkennen?

नेति नेति

7 Mit Gott an meinem Lieblingsplatz am Fluß

Wählen Sie eine stille Zeit und einen ruhigen Ort...

Werden auch Sie still und schließen Sie Ihre Augen...

Hören Sie auf die Geräusche um Sie herum...

Konzentrieren Sie sich auf die Geräusche, die Sie außerhalb des Raumes wahrnehmen können: Wind, Verkehr, Vogelzwitschern und Stimmen...

Wenden Sie nun Ihre Aufmerksamkeit dem Inneren des Raumes zu und den Geräuschen, die Sie in diesem Raum hören...

Wenn sich andere Menschen in dem Raum aufhalten, werden Sie vielleicht deren Geräusche und deren Atemrhythmus hören...

Oder Sie bemerken die Bewegungen, die sie machen, oder Sie hören Musik im Hintergrund...

Versuchen Sie, diese Geräusche nur verschwommen im

Hintergrund wahrzunehmen, und lassen Sie sich nicht von ihnen stören...

Richten Sie nun Ihre Aufmerksamkeit noch tiefer nach innen, und achten Sie darauf, ob Sie sich irgendwelcher Geräusche in Ihrem Inneren bewußt werden...

Vielleicht können Sie Ihre Atemzüge hören, die durch Ihre Nase ein- und ausströmen, oder es gelingt Ihnen – wenn Sie bereits ein Stadium tiefer Stille erreicht haben –, Ihren Herzschlag tief in Ihrem Inneren wahrzunehmen...

Halten Sie Ihre Augen weiterhin geschlossen, und wenn Sie sich dazu bereit fühlen, beginnen Sie mit der Imaginations-Übung, indem Sie sich an einen Lieblingsort versetzen...

Stellen Sie sich folgendes Bild vor:

Ich gehe an einer langen, schmalspurigen Straße entlang. Sie ist stark befahren, und ich begegne vielen Menschen, die in Eile und nervös sind und laut sprechen. Nichts als Lärm dringt zu mir, und ich merke, wie unwohl ich mich inmitten all des Drängens und Schiebens fühle...

Ich spüre meinen Wunsch zu fliehen...

Ich habe ein starkes Verlangen, allein zu sein... in Ruhe gelassen zu werden... und mir Zeit für mich selbst und Christus zu nehmen...

Nach ein paar Minuten wird die lange, schmalspurige Straße ländlicher, und die Menschen werden weniger – ihre Stimmen verklingen – sie verschwinden im Hintergrund...

Jetzt komme ich an eine Lichtung und sehe vor mir eine schwere silberne Pforte, die mich zu meinem Lieblingsplatz führt: Kein Mensch ist zu sehen oder zu hören...

Hier kann ich mich selbst und Gottes Gegenwart um mich herum spüren...

Ich gehe durch die Pforte und komme in eine ländliche Gegend: Ich sehe Felder, auf denen Lämmer spielen. Ich kann auch eine Viehherde weiden hören und Grashüpfer bei ihrer Arbeit vernehmen, wenn ich sie auch nicht sehe...

Es ist ein warmer, heiterer Tag...

Ich ziehe die Schuhe aus, gehe weiter und spüre die Kühle des Grases und den warmen, harten Lehm unter meinen Füßen...

Ich gehe auf einen glitzernden Fluß am Ende des Feldes zu...

Ich gehe ans Ufer und sehe durch das klare Wasser hindurch Steine und kleine Schilfrohre...

Dann komme ich zu meinem Lieblingsplatz, wo eine von Hand gebaute Brücke über den Fluß führt...

und wo einer der großen Steine – mein Lieblingsstein – aus dem Wasser ragt...

Der Stein ist warm von den Sonnenstrahlen – ich gehe auf ihn zu und setze mich...

Ich fühle den weichen und kühlen Schlamm des Flußbodens, wenn meine Füße ihn berühren...

Ich werfe einen Kiesel in das stille Wasser und beobachte die kleinen Wellen, die sich nun kreisend ausbreiten...

Schließlich verebben die kleinen Wellen und werden, zuerst noch undeutlich, dann deutlicher, zu einem Gesicht und zu einer Gestalt im Wasser...

Im Gegensatz zu den Wellen werden dieses Gesicht und die Gestalt immer deutlicher...

Es ist das Antlitz Jesu...

Ich spreche zu ihm und erzähle ihm alles, was mich bedrückt...

Dieses Bild von ihm bleibt an der Oberfläche des Wassers, während ich zu ihm spreche...

Nach einiger Zeit beginnt das Gesicht zu verschwimmen, und das Wasser nimmt seinen normalen Lauf...

Ich danke Jesus für diese Zeit mit ihm und beginne meine Reise nach Hause – ich bin zufriedener und glücklicher als bei ihrem Anfang...

नेति नेति

8 Der eigene Atemrhythmus beim Meditieren und Beten

Diese Übung festigt den Rhythmus Ihres Atems und unterstützt Sie bei Ihrer Vorbereitung einer Meditations- oder Gebetszeit. Anthony de Mello betonte in seinen Gebetskursen, daß man seine Atemweise nicht verändern, sondern nur zu einem gleichmäßigen Rhythmus – vier Sekunden lang einatmen und vier ausatmen – führen solle. Probieren Sie diesen Rhythmus und spüren Sie, ob er für Sie paßt und sich gut anfühlt.

Setzen Sie sich nun aufrecht hin...

Atmen Sie durch Ihre Nase, wie vorhin beschrieben: langsam, ruhig und tief. Atmen Sie so tief und langsam ein, daß die Luft bis zu Ihrem Magen- und – wenn möglich – bis zum Bauchbeckenraum strömt, wobei Sie Ihre Hände unter den Bauchnabel legen...

Lassen Sie dann Ihren Ausatem langsam aufwärts strömen und durch den Mund ausfließen...

Die Bewegung des Atems und dieser Körperräume sollte weich und fließend sein. Erzwingen Sie nichts, und bleiben Sie entspannt...

Gewöhnlich benötigt man vier Sekunden zum vollständigen Einatmen und ebenso zum Ausatmen, mit einer kleinen Pause zwischen Ein- und Ausatmen...

Entspannen Sie sich...

Immer, wenn Sie einatmen, wiederholen Sie still, langsam und aufmerksam den Satz: „Jesus, denk an mich"...

Beim Ausatmen vervollständigen Sie den Satz: „... wenn du in dein Reich kommst" in demselben Modus...

Wiederholen Sie diese Übung ungefähr achtmal, bis Sie spüren, daß sich ein regelmäßiger Rhythmus bildet und Sie sich entspannt fühlen...

Begeben Sie sich dann imaginativ in die Gegenwart Christi...

Nach kurzer Zeit wird Ihnen diese Übung leichtfallen...

Die erste Hälfte der Übung – einen langsamen, gleichmäßigen Atemrhythmus aufbauen – kann als Einführung in die Gebetsübungen, die dieses Buch beschreibt, verwendet werden.

नेति नेति

9 *Der Blinde*

Markus 8,22–26

Lesen Sie zuerst langsam die Geschichte von dem Blinden und seiner Begegnung mit Jesus...

Setzen Sie sich nun bequem hin, oder legen Sie sich flach auf den Rücken...

Nehmen Sie Ihren Atem wahr und achten Sie darauf, ob Sie schnell oder langsam, flach oder tief, fließend oder stoßweise atmen...

Beobachten Sie Ihren Atem, als ob ein anderer in Ihnen atmen würde...

Spüren Sie beim Einatmen die Empfindung von kühler Luft in Ihrer Nase, und folgen Sie ihr die Luftröhre hinunter... bis zum Magen- und Bauchbeckenraum...

Entspannen Sie sich: in den Gedanken... den Gefühlen... in Ihrem ganzen Körper..., und versuchen Sie, Ihre Atmung unbeteiligt zu beobachten, so als ob nicht Sie atmen, sondern als ob Sie geatmet werden...

Machen Sie sich klar, daß Gott Ihnen beim Einatmen das Geschenk eines Lebens von unschätzbarem Wert macht...

Aber greifen Sie nicht danach, sondern empfangen Sie es...

Seien Sie still, und erlauben Sie Gott, Ihnen auch weiterhin Leben zu geben...

Entspannen Sie sich nun gänzlich, während Sie ausatmen, und danken Sie Gott für das Leben, das er Ihnen schenkt...

Jetzt lade ich Sie ein, der Blinde zu sein…

Versuchen Sie, sich vorzustellen, wie es Ihnen erginge, wenn Sie blind wären…

Stellen Sie sich vor: Sie stehen morgens auf und versuchen, Ihre Kleider zu finden…

Vergegenwärtigen Sie sich die Schwierigkeiten, die damit verbunden sind…

Nun stellen Sie sich vor, Sie bereiten sich eine Tasse Tee…

Wie gelingt es Ihnen, das kochende Wasser in Ihre Tasse zu gießen, und wie wissen Sie, wann das Wasser den Tassenrand erreicht?…

Welche Gefühle tauchen in Ihnen auf, wenn Sie die Realität Ihres Blindseins akzeptieren?…

Fühlen Sie sich traurig, wütend, depressiv, einsam oder der Verzweiflung nahe?…

Versuchen Sie jetzt, Ihre Gedanken über Ihr physisches Blindsein auf Ihre innere Dunkelheit zu richten: Worauf bezieht sich diese Finsternis in Ihnen?… Wo sind Ihre blinden Stellen?…

Sind sie spiritueller, emotionaler, sozialer oder psychologischer Natur?…

Versuchen Sie nun, sich Ihre Freunde vorzustellen, denen Sie selbst und Ihre Belange am Herzen liegen…

Durch diese Ihre Freunde erfahren Sie, daß Jesus nahe ist. Wer sind diese Menschen?…

Wenn sie Sie zu Jesus führen, bitten Sie ihn, daß er sie von ihrer Dunkelheit befreie…, oder übernehmen es Ihre Freunde, ihn darum zu bitten?…

Glauben Sie aufrichtig, daß Jesus etwas für sie tun kann und tun möchte?…

Denken Sie daran, daß Jesus uns gesagt hat: „Wenn Ihr etwas wünscht, bittet darum“…

Wenn Sie soweit sind, danken Sie für das, was Sie erhalten haben oder vielleicht erhalten werden, und kommen Sie allmählich zurück in diesen Raum…

नेति नेति

Varada Mudra: „Segen erteilen"

Eine der Gesten, die oft bei Darstellungen des Buddha zu finden ist: Sie symbolisiert seinen Großmut beim Erteilen des Segens.

4
Ein Gebet, das Leben schenkt

Bete so, wie du wünschst,
gehört zu werden.
JANE AUSTEN

Anthony de Mello stammte aus einer alten indisch-katholischen Familie. Seine jesuitische Schulung baute zuerst und vor allem auf der Spiritualität des heiligen Ignatius von Loyola auf, des Gründers des Jesuitenordens. De Mello wurde – besonders bei Gläubigen und Priestern – später als ein Meister der Praxis und Vermittlung spiritueller Übungen des heiligen Ignatius gesehen; in seinen Seminaren und Exerzitien war es ihm ein Anliegen, das Geistesleben darüber hinaus auch in vielen anderen Gebetsweisen zu entfalten. Daher betrachten wir nun verschiedene Formen des Betens, in der Hoffnung, daß sie uns in gleicher Weise motivieren und inspirieren. Es kann hier jedoch keine vollständige Darstellung sein, und selbst die Formen, die ich hier zur Sprache bringe – Kontemplation, ignatianische Meditation, Imaginationsübungen, Taizé-Gebet, die benediktinische Gebetsweise, die Verwendung eines Mantras oder das Beten und Meditieren mit Bildern –, können nur kurz beschrieben werden. Meine Absicht dabei ist es, verschiedene Gebetsweisen vorzustellen, in der Hoffnung, daß Sie unter ihnen diejenigen finden, die Sie besonders ansprechen.

Meditation – wie und wozu?

Zunächst: Was ist eigentlich mit Meditation gemeint? In Büchern übers Beten werden Sie viele Definitionen finden; für mich ist Meditation ein Prozeß, meinen Körper und Geist zu entspannen, so daß ich still in mein Inneres einkehren kann, um meinen Gott zu finden oder ihn mich finden zu lassen. Damit dies gelingt, muß ich mich, zumindest anfangs, normalerweise an einen ruhigen Ort begeben. Solche Orte sind in der heutigen Zeit nicht einfach zu finden, und man kann Gefahr laufen, in eine der beiden folgenden Fallen zu tappen. Entweder stumpfen uns die vielen Außengeräusche so ab, daß wir nicht begreifen, daß wir Stille-Phasen in unserem Leben brauchen, oder wir sind so von Geräuschen umgeben, daß wir zu den stillen Orten, die sich ganz in unserer Nähe befinden, keinen oder nur schwer einen Zugang finden.

Die meditative Sphäre ist ein Raum, in dem wir uns auf das Wesentliche in unserem Leben hin innerlich sammeln. Sie hilft uns, den Weg zur Mitte unseres Selbst zu gehen. Thomas Merton, Trappist und Autor großer spiritueller Literatur, sagte: Meditation besitze weder Realität noch Wert, solange sie nicht fest im Leben verwurzelt sei. Deswegen ist ein Ziel der Meditation, unser alltägliches Leben, unsere Beziehungen zu anderen Menschen, zu Gott und zum Leben überhaupt zu nähren, zu bereichern, sie wachsen und reifen zu lassen.

Das Bedürfnis nach einem solchen Raum in unserem Leben wird dringlicher in dem Maß, wie sich der Lebensrhythmus beschleunigt. Viele Geschäftsleute und Künstler, nicht zu sprechen von Sportgrößen und Popstars, laufen Gefahr, sich von ihrem ruhelosen Leben jagen zu lassen, anstatt selbst das Lebenstempo zu bestimmen. In den 60er Jahren besuchten die Beatles, die legendäre englische Super-Popband, Maharishi in der *Academy of Meditation* am Fuße des Himalaya. Er sagte zu ihnen: „Ich unterrichte eine einfache Meditationspraxis, welche den Menschen einen Einblick in das Leben gibt und ihnen ermöglicht, Frieden und Glück zu finden."

Genau dies war es, dessen die Beatles bedurften, wollten sie auch nur eine Spur von Eigenkontrolle ihres Lebens zurückgewinnen. Sie beschrieben die Lehren ihres Guru und ihre Meditationsversuche so: „Wir meditierten täglich insgesamt etwa fünf Stunden, zwei Stunden am Morgen und vielleicht drei am Abend, und die restliche Zeit schliefen wir, aßen, lagen in der Sonne und entspannten uns. Man sitzt einfach da, entspannt, und dann wiederholt man für sich selbst einen Ton, das ist alles, mehr war es nicht."

Vor wenigen Jahren nahm ich selbst an einem Meditationskurs in einem indischen Ashram teil, wo Menschen Erholung suchten, die von ihrer Arbeit gänzlich überlastet waren. Hier bekam man Anweisungen, die den obigen auffallend ähnelten. Wir wurden angehalten, langsamer zu machen, um zur Besinnung zu kommen und die verschiedenen Aspekte des Lebens ins Gleichgewicht zu bringen. Man erklärte uns, daß sich die Menschen der fernöstlichen Kultur bei der Suche nach Gott nach innen richten, wogegen die Menschen im Westen ihn außen suchen. Die westliche Tradition – im Gegensatz zur östlichen – sagt, Gott sei dem Menschen gegenüber „der ganz andere", und er stehe weit über ihm. Besonders in China und Japan betont die geistliche Tradition das Gleichgewicht von Yang und Yin – von männlichem und weiblichem Lebensprinzip, von göttlich und menschlich. Doch wie läßt sich dieses westlichen Menschen fremd erscheinende Gleichgewicht erreichen, wie praktizieren?

Wir können mit einem Gebet beginnen. Wer mit dem Enneagramm vertraut ist, weiß, daß Menschen aus einem von drei Zentren heraus handeln. Die einen werden vom Kopf geleitet, andere vom Herzen, andere wiederum erhalten ihren Antrieb, ihre Impulse, ihre Ideen aus dem Bauch und betrachten und gestalten ihr Leben dementsprechend. Ein Beispiel soll erläutern, was hier mit „Kopf", „Herz" und „Bauch" als Zentren gemeint ist.

Herz-, Kopf-, Bauchmenschen

Die Geschichte handelt von einem Schulausflug mit dem Bus während der Sommerferien. Unglücklicherweise hat der Bus während der Fahrt einen Unfall: Der Motor beginnt zu dampfen und zu qualmen. Die „Kopf"-Menschen – so sagt man – reagieren auf die Situation, indem sie sofort im Bus aufstehen und die Kinder zählen, um sicher zu gehen, daß keinem etwas passiert ist, und um sie dann in verschiedene Gruppen einzuteilen und sie unter Aufsicht der Lehrer an Vorder- und Hintertür aussteigen zu lassen: sehr effizient, sehr kopflastig.

Die „Herz"-Menschen dagegen sammeln die Kinder um sich, umarmen und trösten sie und trocknen ihre Tränen: sehr liebevoll; doch hätte der Bus inzwischen längst in Flammen aufgehen können, noch bevor jemand realistisch handelte.

Die „Bauch"-Menschen springen einfach aus dem Bus.

Enneagramm-Experten sagen, daß die drei Gebetsweisen, die ich noch erläutern werde, Gebetshilfen für den „Kopf"-, „Herz"- und „Bauch"-Menschen sein können. Durch Teilnehmererfahrungen an vielen Gebetswochenenden habe ich entdeckt, daß folgender Vorschlag sehr nützlich ist: Wir durchleben verschiedene Phasen in unserem Leben, und die unterschiedlichen Gebetsweisen können bei wechselnden Gemütslagen sehr hilfreich, wegweisend sein.

Gebetsform 1 – Noviziatsgebet

Diese erste Gebetsweise könnte man treffend die Methode der ignatianischen Meditation nennen, aber ich nenne sie Noviziatsgebet, weil es das Modell ist, das uns in unserem jesuitischen Noviziat (den beiden Einführungsjahren ins Ordensleben) gezeigt und fast ausschließlich praktiziert wurde. Gleich zu Beginn unserer Ausbildung bekamen wir einen „Angelus", einen „Schutzengel", zugeteilt. Dieser Betreuer sollte uns in der Gebetspraxis beraten: ein Experte also, möchte man sagen. In Wahrheit war unser Experte ein Novize im zweiten Jahr, der bereits eine spezielle einjährige Gebetsschulung absolviert hatte. Die Aufgabe eines solchen Schutzengels war es, uns beim Üben der Gebetsweisen auf folgende Weise zu begleiten.

Zuerst suchte uns unser Begleiter eine Bibelstelle aus. Das war meist der vorgegebene Text aus der Eucharistiefeier des nächsten Tages, und zu einer festgelegten halben Stunde las er uns die Stelle vor und wies auf ein paar Punkte hin, die der Reflexion wert seien. Diese betende Reflexion fand am nächsten Morgen statt.

Ein Beispiel: Mein spiritueller Begleiter gab mir die wunderbare Erzählung über die Jünger von Emmaus aus dem Lukasevangelium, las sie vor, teilte dann den Text in fünf Bereiche ein und entnahm auf die folgende Art und Weise aus jedem eine Botschaft:

Punkt 1: Zwei Menschen gingen mit gesenkten Köpfen den Weg nach Emmaus. Mein Begleiter schlug nun vor, ich solle über diesen Text am nächsten Morgen meditieren. Meine Gedanken sollten sich auf mein vergangenes Lebensjahr und auf die Zeiten richten, wo auch ich versuchte, meinen Lebensweg zu Gott zu finden, und wo auch ich mich bedrückt und verlassen fühlte und ebenfalls mit gesenktem Kopf gegangen wäre.

Punkt 2: Plötzlich, ohne es zu bemerken, tritt Christus in ihr Leben. An dieser Stelle bat mich mein Begleiter, mir zu überlegen, ob Christus seine Anwesenheit mich auch in meinem Leben hat spüren lassen und ich mir dessen genauso wenig bewußt geworden sei wie die Jünger auf ihrem Weg nach Emmaus.

Punkt 3: Während die beiden Jünger weiterwanderten, begann Christus, ihnen viele Dinge in ihrem Leben und in dem des Jesus von Nazaret zu erschließen, so daß sich ihre Stimmung und ihr Geist, ohne es sich erklären zu können, aufhellten und sie den Fremden baten, bei ihnen zu bleiben, als es anfing zu dämmern. Mein spiritueller Begleiter deutete an, daß Christus vielleicht dasselbe Wunder mit mir vollbracht habe. Möglicherweise würde auch ich solche Erlebnisse kennen wie: Ich habe mich plötzlich wie hochgehoben und voll Energie empfunden, ohne mir diesen Vorgang erklären zu können?

Punkt 4: Nachdem die Jünger Christus überredet hatten, in ihr Haus zu kommen und mit ihnen zu speisen, und nachdem er dann das Brot gebrochen und ihnen gereicht, wie es Jesus zu Lebzeiten getan hatte, gingen ihnen die Augen über seine wahrhafte Anwesenheit auf. Doch als sie ihn erkannt hatten, war er bereits ihrem Blick entschwunden. Mein „Schutzengel" wies darauf hin, daß auch wir wohl schon einen Hauch von der Gegenwart Christi in unserem eigenen Leben erfahren hätten – nicht faßbar, nicht augenscheinlich, aber als feine Hinweise; denn das Werk Christi gehe unaufdringlich vonstatten.

Punkt 5: Als die beiden Männer erkannt hatten, daß Christus unter ihnen war, so daß ihr Herz brannte, brachen sie sofort wieder auf und eilten den Weg zurück, den sie gekommen waren, um ihre Erfahrung ihren Freunden in Jerusalem mitzuteilen. Mein Begleiter bat mich, betend zu meditieren, wie ich mit einem solchen Glaubensgeschenk umgegangen wäre.

Auf diese Weise wollte ich grob beschreiben, was ich einen „Meditationsprozeß im Noviziat" oder „ignatianische Gebetsmethode" nenne. Diese Methode orientiert sich stark an biblischen Texten, indem sie bedeutsame Punkte für die Meditation und das persönliche Gebet herausarbeitet und sie unmittelbar auf das Leben des einzelnen bezieht. Vom Aufbau lehnt sie sich stark an die ignatianische Methode an, wie sie von diesem in seinen spirituellen Übungen beschrieben wurde, und viele finden in ihr eine große Hilfe, wenn es ihnen schwerfällt zu beten.

Gebetsform 2 – Kontemplation

Eine noch innigere Form des Gebets als die vorangegangene, aber ebenfalls eine, die von festem Vertrauen in die Heilige Schrift geprägt ist, heißt Kontemplation, ignatianische Kontemplation oder Bibelkontemplation. Sie arbeitet mit angeleiteter Visualisierung und aktiver Imagination und basiert auf einer Bibelstelle aus dem Leben Jesu. Auch hier wähle ich einen Text der Bibel; aber anstatt ihn von außen zu betrachten, wie beispielsweise bei einem Film oder Video, trete ich in das Geschehen ein und werde selbst zum aktiven Teilnehmer. Ich stelle mir vor, gemeinsam mit den Jüngern den Weg nach Emmaus zu gehen. Ich höre ihren Gesprächen zu, spüre ihre Enttäuschung über das Leben und werde mir des Eintritts Christi in das Geschehen bewußt. Ich nehme war, daß ich mich wie die Jünger allmählich besser fühle, und höre Jesus nach dem Grund ihrer Betrübnis fragen. Ich beginne ein Gespräch mit ihm und versuche, mich mit ihm auszutauschen. Ich aktiviere alle meine Sinne soweit wie möglich und ziehe möglichst großen spirituellen Nutzen aus der innigen Begegnung.

Gebetsform 3 – Beten im Stil von Taizé

Ich nenne die dritte Gebetsweise das Gebet im Stil von Taizé, da sie fast ausschließlich im Ökumenischen Zentrum der Communauté von Taizé (Burgund/Frankreich) praktiziert wird. Dabei geht es in der Regel um ein Wort aus der Heiligen Schrift, das meditativ gesungen und über einen längeren Zeitraum immer wieder wiederholt wird. Die Intensität dieser Gebetsweise wird in hohem Maß durch die räumliche Gestaltung des Gebetsraumes in Taizé selbst oder in Taizé-Gruppen andernorts und die gemeinschaftliche Atmosphäre intensiviert. Indem ein heiliges Wort, ein heiliger Satz immer wieder kontinuierlich singend wiederholt wird, erleben die Teilnehmer eine tiefe, stille, geistliche Sphäre, in der sich unser Weg mit dem Weg Jesu verbinden kann.

Diese Gebetsweise ähnelt deutlich der benediktinischen, die Anthony de Mello in seinem Buch *Sadhana* beschreibt und mit jener verwandt ist, die antike irische Mönche in ihren Klöstern gepflegt haben. Nach einer Beschreibung von John Veltri, einem kanadischen Jesuiten, begaben sich die Mönche nach dem Erwachen frühmorgens, den langen Gang ihres Klosters hintereinander her schreitend, zu einem zentralen Gebetsraum. Dort setzten sie sich zum Schweigen hin. Dann begann ein Mönch, eine Bibelstelle vorzulesen. Mit klarer, ruhiger Stimme trug er sie vor und machte dann eine Pause von 30 oder 40 Sekunden. Daraufhin trug er noch einmal dieselbe Bibelstelle auf diese gesammelte, meditative Weise vor. Wiederum hielt er ungefähr eine halbe Minute inne und begann dann ein drittes Mal. Machte er nun eine Pause, gingen einige Mönche in ihre Zellen zurück, um das Gehörte zu durchbeten. Andere warteten auf die vierte Lesung und gingen anschließend in ihre Zellen zurück.

Was war geschehen? Das wiederholte Vorlesen sättigte sozusagen die Vorstellungskraft der Mönche mittels einer Bibelszene oder eines Bibelwortes, die besondere Energie ausstrahlten und diese auf sie übertrugen. Diese Sättigung durch das heilige Wort reduzierte alle Ablenkungen auf ein Minimum und bereitete Geist und Herz der Mönche für das Gebet.

Gebetsform 4 – „Einfach nur sein"

Ich nenne diesen vierten Gebetstyp das „Einfach-nur-sein"-Gebet. Dieser Name geht auf einen Unfall zurück, den ich vor einigen Jahren erlitt. Ich war der ignatianischen Meditationsmethode etwas überdrüssig geworden und bat einen weisen Franziskaner während meiner jährlichen Exerzitien um spirituelle Begleitung. Nachdem er mir zunächst gesagt hatte, er verstünde nichts von Gebetsanleitung, übernahm er schließlich doch diese Aufgabe und schlug vor, die Exerzitien sogleich mit einem Spaziergang an der Küste von Donegal zu beginnen.

Während des Spazierganges bat er mich, ihm meine übliche Gebetsweise zu schildern und ihm zu erzählen, wo Gott in meinem vergangenen Lebensjahr erfahrbare Spuren hinterlassen habe. Ich begann daraufhin, ihm langatmig und umständlich die Art und Weise meines Betens darzustellen, und erklärte ihm detailliert die ignatianische Meditationsmethode. Er sah mich verwirrt an und war kein bißchen beeindruckt.

„Wann beginnen Sie mit dem eigentlichen Gebet?" erkundigte er sich beharrlich.

Entmutigt fragte ich ihn schließlich, wie er denn bete.

„Ach, ich *bin* einfach nur", erklärte er mir, „und wenn ich ein wenig abwesend bin, nehme ich ein paar Worte aus der Schrift, und schon *bin ich einfach* wieder bei Gott."

Diese „Einfach-nur-sein"-Weise des Gebets ist beinah genauso schwer zu erklären, wie sie zu praktizieren ist. Ich kenne mehrere erfahrene Menschen, die sie mit folgenden Sätzen beschrieben: „Ich sitze vor dem Tabernakel, und ich denke an Ihn, während Er an mich denkt."

Andere Gebetsweisen, die ich empfehle

Das Mantra

Ähnlich der benediktinischen Methode benutzt man auch hier einen Satz aus der Heiligen Schrift, um seine Gedanken innerlich zu sammeln. In den östlichen Kulturen fügen die Menschen oft noch einen Ton, einen Klang als Gebetshilfe hinzu. Buddhistische und gregorianische Gesänge oder die Gesänge aus Taizé – alle unterstreichen die Bedeutung des Klangs. Sie alle benutzen dieses Mittel, um den Menschen in die Stille zu führen. Der heilende Klang verbindet sich mit einem Wort, das von einem gleichbleibenden, sich fortlaufend wiederholenden Sprechgesang getragen wird: gesungen, gesummt oder einfach nur als Ton geistig wahrgenommen, um in die für die Meditation ersehnte Ruhe zu finden. Gewöhnlich ist das Mantra ein Satz, mit dem man den Namen Gottes anruft und der zur Wirkung hat, daß die innere Aufmerksamkeit sich sammelt und jegliche anderen Gedanken, Ablenkungen, Sorgen oder Ärgernisse mehr und mehr verstummen.

Als einzelnes Wort oder einzelner Satz, der als innerer Sammelpunkt der Gedanken immer wieder wiederholt wird, kennt man das Mantra sowohl in den östlichen als auch westlichen Kulturen. Im Osten wird häufig das Wort *Aum* benutzt. Jeder Buchstabe des Wortes A-U-M ist einer der höheren hinduistischen Gottheiten zugeschrieben. Der Buchstabe A weist auf Brahma, den Schöpfer. U steht für Vishnu, den Retter. Den Buchstaben M ordnet man Shiva zu, dem Zerstörer. So stellt im Osten, sowohl im Buddhismus als auch im Hinduismus, das *Aum*-Mantra den vollständigen Zyklus der Schöpfung dar. Der Ton wird langsam und tief wiederholt und so zum Schwingen gebracht, daß er zu einem vollen Klang wächst.

Die einen sagen, das Mantra solle ein Klang ohne jegliche Bedeutung sein; andere dagegen meinen, es stehe für Frieden oder Gott. Lawrence Freeman, Benediktiner und Experte des Mantra-Gebetes, meint, das allein Wichtige sei, daß das gewählte Wort seinem Benutzer vollkommen geeignet erscheine.

1954 wurde John Main, Benediktiner und im englischen Sprachraum weithin bekannter spiritueller Autor (deutsche Ausgaben ab Frühjahr 2000 bei Herder/Freiburg i.Br.), von einem indischen Lehrer in Malaya angehalten, einen einzelnen christlichen Satz während seiner Meditation, jeweils eine halbe Stunde zweimal täglich, zu wiederholen. Er solle sich setzen, still sein, seine Augen halb schließen, entspannt, aber wachsam sein. Dann solle er schweigend innerlich ein einzelnes Wort sprechen. Empfohlen wurde ihm das aramäische Wort *Maranatha* – „Herr, komm!". Dieses Wort empfahl John Main auch seinen Schülern zur Meditation. Manchmal stimmte er dieses Wort auf seinen Atemrhythmus ab. Er sagte: „Hört auf das Wort, wenn ihr es ausprecht, sanft, aber stetig. Denkt und stellt euch nichts, weder Spirituelles noch sonst etwas, dabei vor. Wenn Gedanken und Bilder auftauchen, lenken diese von der Meditation ab; deswegen kehrt immer wieder zu diesem einfachen Tun zurück, und sprecht dieses Wort in euch hinein, aus euch heraus. Welche Gedanken, Ideen oder Bilder auch immer durch euren Kopf fließen, laßt sie vorüberfließen. Welche großartigen Einblicke euch auch kommen mögen, laßt auch sie dahingehen. Bewahrt sie euch für andere Zeiten auf. Kommen Ablenkungen, welcher Art auch immer – kehrt einfach wieder zu eurem Wort zurück und sprecht es in Ruhe. Wiederholung läutert. Wahrscheinlich werdet ihr anfangs Unruhe und Unzufriedenheit empfinden. Wir sind so sehr darauf ausgerichtet, Zukunftspläne zu schmieden oder Vergangenes zu bedenken, daß wir die Gegenwart versäumen. Indem wir sie versäumen, versäumen wir alles."

In den indischen Ashrams gehen manche Menschen zum Guru oder spirituellen Begleiter, um ihr ganz persönliches Mantra zu erhalten; andere dagegen probieren selber verschiedene Worte aus, bis sie das für sie passende finden.

John Main, der das Mantra-Gebet im englischsprachigen Raum populär machte, glaubte fest daran, daß es in jedem Leben Zeiten gibt mit Krisen, Verlust, Tod, Trennung oder Unglücksfällen und wir am meisten aus all diesen Erfahrungen lernen, wenn wir uns ihnen stellen und sie ins Gebet hineinnehmen. Er betonte, wie wichtig es sei, auch an ganz gewöhnlichen Tagen zu beten und zu meditieren, um sich so auf Krisenzeiten vorzubereiten. „Beharrlich die Zeiten des Gebets wahrzunehmen", sagte er, „ist etwa so wie die Versicherungsprämien in guten Zeiten einzuzahlen; schwierig wird es, wenn man seine Prämien in guten Tagen nicht zahlt – kommen härtere Zeiten, hat man nichts, um die Versicherungssumme zu decken."

Ein Hinweis noch für die Praxis: Seien Sie beim Mantra-Gebet wachsam, in der Haltung aufgerichtet, aber gleichzeitig entspannt. Die Augen (halb) zu schließen kann eine Hilfe sein. Entspannen Sie Gesicht, Schultern, Nacken und dann den ganzen Körper, um wirklich gelöst zu sein.

Beginnen Sie dann, im inneren Schweigen Ihr Wort oder Mantra geistig und in Ihrem Herzen zu wiederholen.

Wenn Sie das Wort sprechen, hören Sie ihm zu und schenken ihm Ihre ganze Aufmerksamkeit.

Indem Sie das Wort wieder und wieder sprechen, entsteht mehr und mehr eine große Stille.

Wenn Ihnen irgendwelche Gedanken durch den Kopf schießen, lassen Sie sie gehen. Dies ist nicht die Zeit, um nachzudenken. Lassen Sie sie vorübereilen, und kehren Sie in Ruhe und konsequent zu Ihrem Mantra-Wort zurück, das Ihnen gegeben wurde oder das Sie sich gewählt haben.

Die Stille verändert oder könnte Ihr Bild von Christus verändern und eine tiefere Beziehung zu ihm erschließen.

Lassen Sie sich nicht entmutigen, wenn Ihnen zu beten schwierig erscheint. Gott will auf seine Weise zu Ihnen sprechen.

Es empfiehlt sich sehr, mittels eines festen Rituals am Ende Ihrer Meditation zum alltäglichen Leben zurückzukehren. Damit vermeiden Sie den jähen Schock, zu abrupt wieder ins Hier und Jetzt zu kommen, was sogar körperliches Unwohlsein, Schwindelgefühl oder Verwirrung mit sich bringen kann.

Die Rückkehr ins alltägliche Leben nach einer Zeit stillschweigenden Gebets sollte sanft und schrittweise vollzogen werden.

Ich habe festgestellt, daß sich besonders bei Schulkindern ein Gefühl von Lustlosigkeit und Schläfrigkeit unmittelbar nach einer Meditation einstellt, räumt man einer solchen Entspannungs- und Rückkehrphase nicht genügend Zeit und Aufmerksamkeit ein.

Welche Schwierigkeiten kann es bei dieser Gebets- und Meditationsform geben? Die meisten spirituellen Autoren ermutigen uns durch die Bemerkung, daß wir durch diese wie auch durch andere Gebetsweisen mit unserem tiefsten, innersten Selbst und mit unserem Gott Verbindung aufnehmen, und nur wenige bestreiten, daß man nicht enttäuscht sein könnte, wenn Fortschritte ausbleiben. Ist es nicht so, daß wir leicht verzagen angesichts der durchaus herben Arbeit zu beten und zu meditieren und der dennoch kaum wahrnehmbaren Veränderung in uns? Vielleicht suchen wir zu schnell Ergebnisse. Manchmal treten Veränderungen nur über einen längeren Zeitraum ein und dann vielleicht nicht einmal auf eine Weise oder in einem Tempo, wie wir es erwarteten.

Kardinal Basil Hume, englischer Benediktiner, beschreibt es so: Gott spreche nicht immer während eines Gebets zu uns, sondern er weiche sozusagen den Boden während unseres Betens auf, so daß fruchtbare Saat außerhalb der Gebetszeit wurzeln könne.

Man kann von Ablenkungen wahrlich entmutigt werden, die mit verwirrender Häufigkeit während unserer Gebetszeit auftreten mögen. Unser Geist schweift immer wieder ab, und wir fühlen uns so, als führten wir einen kleinen, jungen Hund beim Spaziergang mit. So, als wolle das Hündchen seinen Herrn zu einem fröhlichen Tanz verführen, scheinen auch die Ablenkungen die Kontrolle über uns zu besitzen, anstatt daß wir über sie gebieten.

Ich erinnere mich an einen Zen-Priester, der sagte: Wann immer ablenkende Gedanken in seinen Gedanken eindrängen, mache er keine Anstalten, sie zu verjagen. Er ließe sie einfach von selbst gehen. Mit einem alten indischen Sprichwort machte er seinen Zuhörern Mut: „Du kannst die Vögel nicht daran hindern, um deinen Kopf zu fliegen, aber du kannst sie daran hindern, ein Nest in deinem Haar zu bauen."

Auch wenn die Schwierigkeiten des Gebets schnell offensichtlich werden, bei den Vorzügen ist es aber genauso. Es kann uns gelingen, den Lärm, der oft in unseren Köpfen zu nisten scheint, auszuschalten und einen Stilleraum in unserem Herzen zu schaffen, wo wir mit unserem Gott und unserem höheren Selbst sprechen können.

Die Einladung, unseren Herzensraum und unsere Stille zu vertiefen, ist eine Einladung, die sich an alle richtet – nicht nur an die, die ein kontemplatives Leben gewählt haben. Wenn wir uns immer wieder neu den Mut zusprechen zur Stille, zum Hören, Lauschen und Vertrauen, daß wir in unserem Herzen von Gott angesprochen werden, dann werden die Schwierigkeiten sich legen oder nachlassen.

Das Jesus-Gebet

Diese Gebetsform stammt aus den frühesten Jahrhunderten der Christentumsgeschichte; aber sie war lange Zeit nicht sehr bekannt oder wurde nur wenig praktiziert, bis sie im Westen um 1925 als „Aufrichtige Erzählungen eines russischen Pilgers" (deutsch: eingel. u. hrsg. v. Emmanuel Jungclaussen, Freiburg i. Br. ^{6}1998) einer breiteren Öffentlichkeit zugänglich wurde. Der russische Pilger aus dem 19. Jahrhundert, der dieses Buch schrieb, erzählt, daß er das Geheimnis unablässigen Betens entdeckt habe.

Anthony de Mello wurde von Pater Valles, einem spanischen, in Indien arbeitenden Jesuiten, die Ehre zuteil, das Jesus-Gebet bei den indischen Christen vorzustellen. Bei dieser Gebetsweise benutzt man den Satz „Herr Jesus Christus, / erbarme dich meiner" als eine Art Mantra. Diese Worte werden unablässig – im Ein- und Ausatmen – wiederholt. Das Gebet wird tief ins Herz gelegt, und deswegen ist diese Gebetsform auch unter dem Begriff „Herzensgebet" bekannt.

Beten mit Bildern

Bei dieser Gebetsweise stellt man ein Bild vor sich hin, mag es nun ein Kreuz, eine Ikone, das Taizé-Kreuz oder ein anderes religiöses Motiv sein, und wenn der Geist abschweift, führt man ihn wieder sanft zu dem Bild zurück, indem man den Blick wieder neu und bewußt darauf richtet.

Übungen zum Imaginationsgebet

Dies ist ein Weg, auf dem wir unsere Imaginationskraft entdecken, zurückgewinnen oder entfalten. Es ist eine Gebetsform, die Anthony de Mello am liebsten benutzt hat, da gerade sie es uns ermöglicht, den Blick in unsere innersten Seelenräume zu schärfen. Sie kann eine Gebetshilfe besonderer Art sein, Gott in Situationen zu finden, wo er ansonsten unbemerkt bliebe.

Wenn man mit Gruppen junger Menschen arbeitet, stellt man manchmal fest, daß nicht wenige Jugendliche ein Phantasieleben in sich kennen, das viel lebendiger ist, als andere es erleben. Für viele Menschen sind geistige Bilder blaß und flüchtig, und nicht wenige haben ihre Schwierigkeiten mit dieser Gebetsform. Jedoch gibt es Menschen, die durch sie ganzheitliche Erfahrungen aus Gerüchen, Lauten, inneren Bildern und körperlichen Empfindungen schöpfen, die in ihren Details schon halluzinativ anmuten könnten. Mit ein wenig Übung gewinnen, nach meinen Erfahrungen, die meisten Menschen einen großen Nutzen und viel

Freude aus dieser Gebetsweise. – Am Ende eines jeden Kapitels gebe ich ein Beispiel einer Imaginations-Übung, das nicht zu anstrengend für den Leser ist.

नेति नेति

10 Einfache Atem-Meditation

Meditation ist eine natürliche Erfahrung, welche die eigene Quelle von Energie und Verständnis öffnet. Sie beinhaltet die Kunst, „einfach nur zu sein", und sorgt so für eine Art Gegengewicht zu dem ständigen Druck, immer etwas „machen" zu müssen. Viele von uns führen ein Leben voller Zwänge – zur Arbeit fahren, reden müssen, erfolgreich sein, Verpflichtungen erfüllen, Fehlschläge vermeiden, noch mehr konsumieren...

Stille Unterbrechungen, Atempausen, um zu meditieren, können überlebenswichtig sein, die zerstörerischen Auswirkungen dieser Zwänge zu verringern.

Übung

Werden Sie sich Ihres Atems bewußt...

Atmen Sie langsam und tief, mit geschlossenem Mund...

Atmen Sie durch die Nase ein und aus...

Zählen Sie die Atemzüge...

Denken Sie an nichts anderes als an das Zählen...

Beginnen Sie, die Atemzüge zu zählen... bis zehn...

Beginnen Sie erneut bei eins, und zählen Sie wieder bis zehn...

Denken Sie immer daran, die Atemzüge zu zählen...

Auf diese Weise können Sie einen unruhigen Geist zur Ruhe bringen.

नेति नेति

11 Meditation zum Körperbewußtsein

Nehmen Sie eine entspannte Haltung ein...

Beobachten Sie, wie sich Ihr Körper verhält... in Ihrer Haltung... Ihren Gefühlen... Ihren Empfindungen...

Beginnen Sie bei der Schädeldecke... gehen dann zu Ihrer Stirn... Ihrem Gesicht... Ihrem Nacken... Ihren Schultern... Ihrem Rücken... Ihrem Rumpf... zu Ihren Beinen... Ihren Füßen... wo sie den Boden berühren...

Fühlen Sie alles bewußt... nehmen Sie sich Zeit...

Machen Sie nun eine noch langsamere Reise durch Ihren Körper: Füße... Beine... Gesäß... Bauch... Rücken... Brustkorb... Hände... Arme... Schultern... Nacken... Gesicht... Stirn...

Erfühlen Sie einfach die Empfindungen in jedem Teil Ihres Körpers...

Nehmen Sie sich viel Zeit mit dieser Übung...

Lassen Sie die Dinge sein... fühlen Sie nur... und lassen Sie sie wieder gehen...

नेति नेति

12 Meditation einer Kerze

Zünden Sie eine Kerze an, und betrachten Sie sie auch mit der Kraft Ihrer Imagination: Nehmen Sie ihre Größe wahr und wie sie den Raum wärmt und erleuchtet...

Die Flamme flackert und zuckt unregelmäßig durch den sanften Lufthauch; aber sie kehrt immer wieder in ihre ursprüngliche Form zurück...

Sie gerät nie vollkommen außer Form, obwohl sie weder stark noch einflußreich ist...

Wie dunkel es auch sein mag: Das Licht der Kerze wird nie von der Dunkelheit bezwungen...

Obwohl der Docht zu brennen scheint, wird er nicht vom Feuer zerstört…

Jetzt beginne ich mir vorzustellen, ich sei eine Kerze…

Welche Eigenschaften der Kerze treffen auf mich zu?…

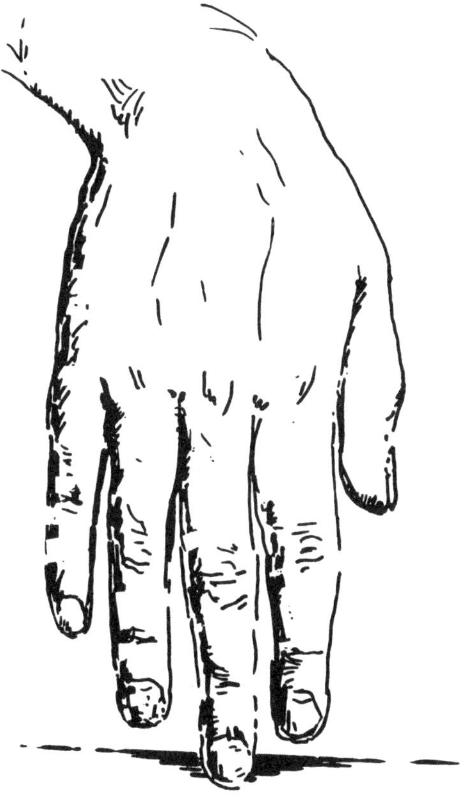

Die Erde berühren

Während er bewegungslos meditierend dasaß,
stellte ihn die Stimme Dharmas wegen der Vernachlässigung
seiner gesellschaftlichen Verpflichtungen zur Rede.
Als Antwort berührte Buddha mit seinen Fingerspitzen die Erde,
als ob er sie zum Zeugen seines Tuns aufrufe.

5
Der innere Sammelpunkt in meinem Leben

In der Stille
berührst du das Herz Gottes.
WHITE EAGLE

„... macht weiter!"

In meiner Kindheit fuhren unsere Eltern jedes Jahr mit uns in einen zweiwöchigen Urlaub; dies war stets ein großes Ereignis. In unserer Familie kam wie in anderen auch die Zeit, da die Kinder auf eigene Faust in die Ferien fahren wollten, und ich erinnere mich noch genau an das Jahr, als es bei mir soweit war. Mein jüngerer Bruder und ich, damals 13 und 14 Jahre alt, träumten davon, durch Irland zu trampen, ein aufregendes Abenteuer. So legten wir unserem Vater eine detaillierte Reiseroute vor, und nach weiteren Überlegungen und Beratungen mit unserer Mutter erhielten wir schließlich seine Erlaubnis.

Am ersten Tag unserer Ferien sah man uns mit dem Bus Richtung Enniskerry, einem Dorf am äußersten Rand Dublins, starten. Obwohl wir ja vorhatten zu trampen, dachten wir, uns zumindest den Anfang mit dem Bus zu erleichtern. Der Bus hielt im Dorfzentrum, und wir stellten uns dann an die Straße und streckten unsere Daumen in die Höhe. Ungefähr eine Stunde lang schien uns diese Prozedur sehr aufregend, und nur langsam dämmerte uns, daß noch kein einziges Auto auch nur den geringsten Anschein machte anzuhalten. Als wir anfingen zu frieren und immer niedergeschlagener wurden, ebbte unsere Begeisterung deutlich ab. Nach der zweiten ergebnislosen Stunde, ohne daß ein Auto angehalten hätte, öffnete sich der Himmel, und es begann in Strömen zu regnen. Da hatten wir genug. Ich kann nicht mehr genau sagen, wen von uns beiden der Mut zuerst verließ; wir waren uns jedenfalls einig, daß Trampen wohl doch keine so tolle Idee sei. Vielleicht sollten wir unser Unternehmen aufgeben und uns doch wieder dem Familienurlaub anschließen. Wir gingen zur nächsten Telefonzelle, um unsere Mutter anzurufen und sie von unseren geänderten Plänen in Kenntnis zu setzen. Ich als der Ältere sollte diesen Anruf übernehmen.

Es war ein Samstag, um die Mittagszeit – und normalerweise kochte meine Mutter zu der Zeit in der Küche, und Vater arbeitete draußen im Garten. Daher war ich vollkommen überrascht, als mein Vater, der sich aufgrund des Regens im Haus aufhielt, den Anruf entgegennahm. Überstürzt begann ich zu erklären, daß wir gerade beim Trampen seien. Trotz größter Anstrengung würde aber kein einziges Auto halten, und wir seien fest entschlossen, unsere ursprünglichen Pläne aufzugeben und nach Hause zu kommen. „Da ihr schon aufgebrochen seid, macht weiter", war die einzige Antwort meines Vaters, und ich hörte, wie der Hörer am anderen Ende knallend auf die Gabel fiel. Sobald ich aus der Telefonzelle trat, fragte mich mein Bruder, was Mutter gesagt hätte. „Sie hat gar nichts gesagt, weil nämlich Vater am Apparat war und er nur gemeint hat: ‚Da ihr schon aufgebrochen seid, macht weiter!'"

Das war eine herbe Nachricht, aber eine, die ich Jahre später noch einmal erhielt: „Selbst wenn du entschlossen bist aufzugeben, tu es nicht!" Erzähle ich heute jene Geschichte, werde ich gefragt, ob dieser Urlaub nicht eine Katastrophe geworden sei. Natürlich nicht. Als wir wieder zur Straße gingen – wir hatten ja kaum eine andere Wahl –, hielt kurz darauf ein Auto an, und der Fahrer erkannte sehr schnell, daß wir beide unerfahren waren. Er erklärte uns zuerst, daß wir uns beim Trampen ein wenig außerhalb einer Ortschaft hinstellen müßten, wo die Fahrer uns leicht bemerken und gefahrlos anhalten könnten. Als er hörte, welch abgeschiedene Jugendherberge wir anstrebten, taten wir ihm sogar leid, und er fuhr uns direkt dorthin. Nachdem wir dort ausgeschlafen und ein gutes Frühstück zu uns genommen hatten, reisten wir durch das Land wie kundige Experten und kehrten ein paar Wochen später mit vielen Eindrücken nach Hause zurück.

Meine Mutter war begeistert, als wir ihr von unseren Erlebnissen berichteten, und als mein Vater kurze Zeit später nach Hause kam, erzählte sie ihm gleich von unserem Erfolg. Meinen Anruf vom ersten Tag erwähnte er kein einziges Mal, und Jahre später erfuhr ich von meiner Mutter, daß er ihr damals kein Wort davon gesagt hatte.

Ich denke: Auch für unser spirituelles Leben könnte jenes Motto von Nutzen sein: „Da du schon aufgebrochen bist, geh weiter", was freilich gar nicht so leicht ist. Fast jeder, der versucht zu beten, zu meditieren bekommt es mit Augenblicken voller Zweifel, Enttäuschung, Dunkelheit, Unaufmerksamkeit und vielleicht sogar Verzweiflung zu tun. Oft ist man nahe daran aufzugeben. Christus selbst muß sich dieser Gefahr genau bewußt gewesen sein, als er Petrus auswählte, seine Jünger zu führen. Er wußte, wie häufig die Dinge beschwerlich verlaufen. Er wußte, wie oft seine Jünger versucht sein würden, alles im Stich zu lassen. Aber er kannte auch die Entschlossenheit und Begeisterung des Petrus, kannte dessen eisernen Willen und vertraute auf ihn. Wir sollten uns nicht scheuen, in unser Beten auch die Bitte nach diesen Eigenschaften des Petrus aufzunehmen.

Das Artischockenbeet in deinem Leben

Im vorangegangenen Kapitel betrachteten wir verschiedene nützliche Gebetsformen. Ignatius von Loyola und Anthony de Mello bevorzugten eine Gebetsweise, die genau dann weiterhelfen kann, wenn wir aufgeben wollen. Anthony de Mello nannte sie Imaginationsgebet; andere gaben ihr den Namen „ignatianische Imagination". Dieses Imaginationsgebet kann sich – muß es aber nicht – auf ein Bibelwort beziehen; in jedem Fall wird der, der die Imaginationsebene betritt, eine neue Tiefe seines Selbst entdecken.

Der Künstler Henri Matisse erhielt eines Tages Besuch von einem Freund, dessen Nerven bloßlagen. Matisse sagte zu ihm: „André, du mußt die Artischocken in deinem Leben finden." Dann führte er seinen Freund zu dem Artischockenbeet in seinem Garten und erzählte ihm, daß er an Tagen, an denen er hart gearbeitet habe, den Drang verspüre, sein Leben wieder in eine innere Sammlung zu bringen. „Ich will dann still werden und meditieren. Ich brauche ein Ritual, das mich inspiriert, das mich entspannt, das mir eine neue Perspektive meiner Arbeit zeigt. Jeder muß sein Artischockenbeet finden."

Kürzlich gab ich einige Seminare in Afrika, und man erzählte mir von den Erkundungsreisen des Abenteurers Cecil Rhodes, bei denen er unentdeckte Gebiete Afrikas erforschte. Es hieß, daß er sowohl seine Kameraden als auch die Träger bis zur völligen Erschöpfung antrieb. Bei einer solchen Expedition, nach tagelangem, endlosem Marschieren, legten die Einheimischen, die der weiße Mann nach seinem Tempo durch den Dschungel getrieben hatte, ihr Gepäck nieder und sagten: „Wir werden jetzt keinen weiteren Schritt mehr machen; denn wir sind so weit und so schnell gegangen, daß unsere Seele jetzt unseren Körper einholen muß."

Was die afrikanischen Einheimischen suchten und Henri Matisse in seinem Artischockenbeet fand, ist das, wonach Millionen von Menschen an der Schwelle zum Jahr 2000 suchen: innere Gelassenheit und auch ein Gottesempfinden in einer Zeit voller Streß und Ruhelosigkeit. Dies trifft besonders auf junge Menschen zu, obwohl sie es vielleicht nicht so nennen. Ich habe den Eindruck, daß man sie nur sehr langsam und behutsam zum Ziel dieses Bedürfnisses hinführen kann. Ein Weg, sie zu diesem Bewußt-Sein zu geleiten, sind die Imaginations-Übungen.

Was ist mit Imaginations-Übungen und -gebeten eigentlich gemeint? Wie können wir sie uns erschließen und mit ihnen vertraut werden? Wann sind sie besonders angebracht und wertvoll? In bestimmten Zeiten unseres Lebens – im Schmerz, bei einem Trauerfall, in besonderen Streßsituationen oder selbst bei vollkommener Lustlosigkeit – kann das

Imaginationsgebet helfen, wenn nichts mehr zu helfen scheint. Empfehlen Sie Ihrem Geist, mentalen Urlaub zu nehmen. Nehmen Sie sich Zeit für eine Pause – Zeit, um gelassen, zentriert zu werden und Energie zu tanken, zu sich selbst zu kommen. Viele ältere Jugendliche, mit denen ich arbeite, finden solche Übungen besonders während der oft ermüdenden Schulzeit als hilfreich. Das Imaginationsgebet schafft einen stillen Ort der Rekreation, in dem ich mir in meinem tiefsten Selbst und meinem Gott begegnen kann. Ich kann diesen Raum, so oft ich mag, besuchen, wenn ich ihn mir einmal erschaffen habe.

नेति नेति

13 In die Stille horchen

Nehmen Sie sich etwas Zeit für die folgende Übung, um das eben Vorgestellte zu erproben…

Finden Sie einen geeigneten Platz, setzen Sie sich, und schließen Sie Ihre Augen. Atmen Sie ruhig und langsam, und entspannen Sie Ihren ganzen Körper…

Hören Sie – wenn möglich – eine meditative Musik, um Ihre Imaginationakraft anzuregen…

Wenn Sie still geworden sind, stellen Sie sich etwas Entspannendes und Angenehmes vor, beispielsweise sich an Ihrem Lieblingsplatz aufzuhalten, an einem Fluß oder Strand, je nach Belieben…

Stellen Sie sich in Ihrer Imagination das Wetter vor: Es kann ein goldener Sommertag sein oder auch eine ruhige Abenddämmerung. Wählen Sie für Ihre Imagination auf jeden Fall eine Atmosphäre, in der Sie sich entspannt fühlen können…

Wenn eine solche Vorstellung vor Ihrem geistigen Auge deutlich geworden ist – gehen Sie mit all Ihren Sinnen auf Entdeckungsreise: Können Sie etwas riechen?…

Welche Klänge können Sie hören?…

Achten Sie auf die Tageszeit, ob es morgens, mittags oder abends ist: Können Sie die Wärme der Sonnenstrahlen auf Ihrem Körper spüren oder die milde Abendluft?...

Seien Sie sich in Ihrer Imagination Ihrer selbst bewußt: Wo sind Sie?... Sitzen oder liegen Sie..., in welcher Stimmung?...

Nehmen Sie sich für jede Wahrnehmung Zeit, und lassen Sie die Situation sich in Ihrer Imagination entwickeln...

Fühlen Sie, wie friedvoll und erfrischt Sie sind bei dieser Imaginations-Übung..., und kommen Sie allmählich wieder an den gegenwärtigen Ort zurück..., und öffnen Sie die Augen.

Imaginationsmeditation

Ich weiß, daß manche Menschen die Idee, eine Imaginations-Meditation als eine Gebetshilfe zu sehen, erst einmal irritiert. Andere finden es überhaupt problematisch, ihrer Imagination freien Lauf zu lassen. Mark Link, einer der bekanntesten jesuitischen Autoren moderner Spiritualität in den USA, erzählte, daß er mit einigen skeptischen Jugendlichen eine Reihe von Imaginations-Meditationen machte. Die Wirkungen dieses über ein paar Jahre dauernden Kurses bei den Teilnehmern waren nach seinen Beobachtungen bemerkenswert. Bei meiner Arbeit mit älteren Schülern erlebte ich es ähnlich, wie leicht es ihnen nach den ersten Erprobungen fiel, an den Übungen Gefallen zu finden. – An dieser Stelle sollte ich darauf hinweisen, daß ein Zitat aus der Bibel in einer zu frühen Übungsphase meiner Erfahrung nach Abwehr und sogar ein rasches Ende des Unternehmens, in die Imaginations-Meditation einzuführen, bewirken kann – aber vielleicht sind meine Schüler auch ein besonders heidnisches Völkchen!

Wie soll man eine Imaginations-Übung – mit einer Gruppe oder allein – beginnen? Ich fange normalerweise damit an, der Gruppe verständlich zu machen, wie bedeutsam es ist, sich zu entspannen und Zeit und Raum zu finden, wenn in unserem Leben Gott zu uns sprechen soll. Als Beispiel erzähle ich die Geschichte von Samuel (1 Samuel 3), wie sehr der junge Samuel und sein Meister Eli aus der Gottesbegegnung lebten, um ihrem eigenen Innersten auf die Spur zu kommen. Oder ich erzähle, wie Jesus immer wieder Zeiten und Orte der Stille und des Gebetes in seinem Leben suchte und wie er sich für seine Lebensaufgabe in der Wüste vorbereitete.

Um einzelne oder Gruppenteilnehmer behutsam in die Imaginations-Übung einzuführen, bitte ich sie, ihre Augen zu schließen, ihren Geist und ihr Herz – durch eine der zuvor beschriebenen Atemübungen mit der Erfahrung von Stille in Berührung zu bringen, und dann, so als würden sie ein Video zurückspulen, in ihrer Imagination die vergangene Woche wie auf einer Leinwand noch einmal an sich vorbeiziehen zu lassen. Den meisten fällt dies nicht schwer: Ich kehre in meiner Er-Innerung zu den Ereignissen der letzten Woche zurück und erlebe noch einmal ganz bewußt, wen ich getroffen, wie ich mich dabei gefühlt habe, worin ich vielleicht Christus erkannt habe oder wie er auf mich zugekommen ist.

Rückblick auf sein Leben zu halten war auch ein Thema, das Ignatius von Loyola immer wieder empfahl. Auch Anthony de Mello praktizierte in seinem Sadhana-Gebetszentrum diese Art der Imagination. Er schlug den Menschen vor, ihre Eindrücke und Erfahrungen zu überdenken, um den spirituellen Gehalt der jüngsten Vergangenheit herauszufinden; äußere Veränderungen seien meist rasch erkennbar, die inneren jedoch weniger offensichtlich.

Am Jakobsbrunnen

Um diesen inneren Veränderungen und Wachstumsimpulsen auf die Spur zu kommen oder sie zu ermöglichen, ist es unerläßlich, den Schritt in die Stille zu wagen; sie ist die Schwelle jeden echten Gebetes: „Schweige, und du wirst erkennen, daß ich Gott bin.“ So wie Jesus selbst sagte: „Mach nicht viele Worte, wenn du betest, sondern geh in deine

Kammer und schweige." Die Aufforderung, unser Herz im Schweigen zu öffnen, ist an jeden, nicht nur an die mit einer ohnehin kontemplativen Natur, gerichtet. Es ist dieselbe Einladung, die Jesus an die Frau am Jakobsbrunnen richtete: „Wenn du erkennen würdest, wer mit dir spricht, würdest du um das lebendige Wasser bitten."

In diesem Sinne lade ich die Gruppen, mit denen ich meditiere und bete, ein, durch ihr äußeres Schweigen auch ihre Seele zum Stillschweigen zu führen. Ich hoffe, daß Gott auf diese Weise Platz nimmt in der so geschaffenen Leere und Stille. Ich glaube immer mehr, daß die Menschen in ihrem Leben einen Hunger nach einem inneren Sammelpunkt der Stille verspüren, als sei ihr Leben ein verbogenes Wagenrad: Wenn das Wagenrad nicht ausbalanciert ist oder die Speichen unterschiedlich stark sind, ist das ganze Gefährt nicht im Gleichgewicht. Viele fühlen sich wie der kleine Scrooge aus Charles Dickens' Weihnachtsgeschichte: So wie Scrooge sich immer zu beschäftigen weiß, um sich nicht über die wahren Vorgänge in seinem Leben bewußt werden zu müssen, so hasten viele am eigentlichen Lebensglück vorbei. Eile und Geschäftigkeit sind im Grunde die Dinge, die das wahrhaft Wichtige, die Lebenstiefe, verbergen.

Es war die falsche Frage

Was geht während des Stillschweigens bei einer Imaginations-Übung in uns vor? So wie schlammiges Wasser ruhig und klar wird, wenn man ihm Zeit läßt, sich zu setzen, können auch wir, wenn wir uns Raum und Stille geben, zur Gewißheit finden, was das wirklich Wichtige in unserem Leben ist. Eine kurze Geschichte mag dies illustrieren.

Kürzlich sagte eine junge Frau ihrem spirituellen Begleiter, daß sie ein Jahr lang täglich das Gebet in ihrem Leben verankern möchte, da für sie wichtige Entscheidungen anstünden, die sie intensiv ins Gebet nehmen müßte.

Sie hatte lange Zeit in Indien als Laienmissionarin gearbeitet, sich während dieser Zeit zweimal verliebt und sich mit beiden Männern verlobt. Beide Male glaubte sie, den idealen Lebenspartner; doch als die Beziehung ernsthafter wurde, lösten beide Männer die Verlobung und gingen auf und davon. Nun stehe sie vor der Entscheidung, entweder nach Indien zurückzukehren und wieder als Laienmissionarin zu arbeiten oder sich die Möglichkeit für eine dauerhafte Beziehung in der Heimat offenzuhalten. Beide Wege schienen ihr gleichermaßen attraktiv.

So begann sie dann ihr tägliches Gebet immer mit der Frage im Hinterkopf: „Liegt es an mir, daß beide Männer mich verlassen haben?" Monatelang betete sie und suchte nach einer Antwort. Wöchentlich sprach sie mit ihrem geistlichen Begleiter, und da sie niemals eine Antwort erhielt, bestärkte er sie, in ihrer Suche nach Klärung nicht nachzulassen. Nach sechs Monaten endlich kam der Durchbruch. Als der Begleiter sie fragte, warum die beiden Männer die Beziehung mit ihr abgebrochen hätten, antwortete sie: „Genau das war immer auch meine Frage, aber es war die falsche. Nicht sie sind davongelaufen, sondern ich war es."

In der Stille des Gebets und der Imaginations-Übungen gelangte sie zu einer tieferen Erkenntnis über sich selbst und entdeckte, daß sie als freiheitsliebender und risikofreudiger Mensch befürchtete, eine Heirat würde ihre Lebensweise beträchtlich einschränken und sie unglücklich machen. Daher zog sie sich unbewußt aus beiden Beziehungen zurück, und die beiden Männer, die dies – mehr als sie selbst – deutlich spürten, beendeten die Beziehung, um nicht in ihren Gefühlen verletzt zu werden.

Wenn der Verstand zur Ruhe kommt…

Imaginations-Übungen sind in schwierigen Lebenssituationen, in denen es um Wahrheit und Entscheidung geht, gar nicht so leicht, aber sie haben in sich die Kraft, Räume unseres Lebens und Erlebens zu erschließen, die sonst vielleicht noch länger verborgen blieben. Teilnehmer von Gebetswochenenden erlebten dies auf verschiedene Weise. Bei einem solchen Seminar gab jemand offen zu: „Zu Beginn der Imaginations-Übung war ich zuerst sehr verwirrt von allem, dann wurde ich müde... und ging meinen eigenen Weg." Eine sehr ehrliche Erkenntnis und ein gutes Beispiel, wie Gott und wir selbst manchmal im Gebet wechselseitig aufeinander einwirken.

Ein anderer erzählte: „Ich schlief ein, gerade als wir zu der gefährlichsten Stelle für mich kamen. Wenn ich mich dann nicht selber darauf aufmerksam gemacht und wenn der Exerzitienmeister es nicht erwähnt hätte, ich glaube, ich hätte mich nachher sehr geärgert."

Ein dritter: „Im Grunde erlebe ich Imaginations-Meditationen als eine Reise in mein innerstes Selbst, wo ich entweder mit Jesus oder mit mir allein mehr über mich erfahre, wer ich bin und was der Sinn meines Lebens ist."

Ein Mann, der einige Zeit im Osten verbracht und bei einem buddhistischen Meister gelernt hatte, warnte die anderen Teilnehmer unseres Imaginationsgebetes: „Man sagte mir dort, daß ich immer die Antworten wissen wolle, wie jemand, der die Temperatur des Wassers, seine Dichte und warum es durchsichtig ist wissen will. ‚Eines Tages werde ich dich einfach hineinwerfen', erklärte mir der Meister, ‚um deinen Sturkopf zu befriedigen; vorher wird sowieso nichts Wesentliches passieren'."

Erst wenn der Verstand zur Stille kommt, dringen die eigentlichen Fragen an die Oberfläche wie etwa die nach Erlebtem oder Erlittenem im eigenen Leben: Was hat mich da berührt oder herausgefordert? Was habe ich von meiner Gemeinschaft oder von meiner Familien gelernt? Welchen Zweigen an meinem Lebensbaum müßteich mehr Aufmerksamkeit schenken? Was mache ich mit den blinden Flecken in meinem Leben, die besonderer Zeit oder Achtsamkeit bedürfen? Was habe ich den Menschen, mit denen ich lebe, zu geben? Was ist es, das ich ihnen immer wieder vorenthalte? Was hat mich im letzten Jahr oder Monat abstumpfen lassen? Was waren die Tiefpunkte des vergangenen Jahres? Was die Höhepunkte? Woran bin ich gescheitert? Was hätte ich anders machen wollen? Worüber bin ich glücklich? Wann habe ich Christus in meinem Leben Raum gegeben und an welchen Stationen ihn übersehen?

Keine dieser Fragen läßt sich rasch beantworten. Es ist keine leichte Aufgabe herauszufinden, was man wirklich im Leben will oder was Gott möglicherweise von einem erwartet. Ein spiritueller Weg ist wahrlich keine Freizeitbeschäftigung. Der heilige Franz Xaver schrieb in einem seiner zahlreichen Briefe: „Du wirst Gott finden, wenn du die Kenntnisse eines jeden Tages von dir nicht vernachlässigst." Zweimal täglich unternahm Xaver eine Art Imaginationsreise und schaute mit den Augen seines Herzens auf den Tag, den er gerade erlebt hatte. Dabei versuchte er zu entdecken, wo genau Gott anwesend war. Er nahm sich seinen Tag vor und untersuchte ihn unter drei Gesichtspunkten: Dankbarkeit, Kummer und Hoffnung. Er empfahl, zuerst darüber zu entscheiden, wofür man Gott danken wolle. Dann solle man zu den Ereignissen des Tages übergehen, bei denen man sich selbst und Gott übergangen hat, und seinen Kummer darüber ausdrücken. Und schließlich solle man zu der Hoffnung gelangen, sich am nächsten Tag Gott offen und gegenwärtig zu zeigen. Franz Xaver veränderte sein Leben durch diese einfache Imaginationsreise; denn er sah, daß er kein Heiliger werde, wenn er etwas einfach nur tut, sondern wie wichtig die Qualität seines Handelns sei. Der Trappistenmönch Thomas Merton riet: „Fragt mich nicht, wo ich lebe oder was ich esse, sondern wofür ich lebe, und fragt mich, was mich meiner Meinung nach vom erfüllten Leben abhält."

Stillschweigen und Imaginations-Meditationen sind Wege, den Lärm und die Zerstreuungen unserer Tage mehr und mehr zu mindern, uns innerlich zu sammeln, unser Leben bewußt in die Hand zu nehmen und zu gestalten, und sie können Stütze sein, welche Schwierigkeiten auch immer eintreten mögen, diesen einen Sinn zu geben. Wir kämpfen nicht allein. Gott hat Pläne mit uns, und eine seiner Lieblingsbeschäftigungen ist es, uns zu inspirieren, wenn wir nur alle Türen unseres Herzens öffnen und in uns hineinhorchen.

नेति नेति

14 Die Tempel-Meditation...

Dies ist eine sehr aufschlußreiche Imaginations-Übung. Als ich zum ersten Mal mit ihr in einem Seminar arbeitete, erzählte mir eine Frau aus der Gruppe, die mit ihrem Mann seit vielen Jahren im Haus der Schwiegermutter wohnte, von ihrem vorhergehenden Erlebnis bei einem Meditationsseminar. Sie wurde gebeten, sich einen Tempel vorzustellen. Während ihres Gebetes tauchte eine traumähnliche Sequenz in ihrer Vorstellung auf: An dem Gebäude, das sie imaginativ sah, tauchte plötzlich ein weiterer Seitenflügel auf. Dieser Raum schien ihr viel Platz zu bieten. Jedoch fühlte sie sich daran gehindert, ihn zu betreten. – Einige Monate nach unserem Seminar und sehr kurz nach dem Tod ihrer Schwiegermutter schrieb sie mir, daß dieses Bild in ihren Gebetszeiten wiedergekehrt sei, und sie habe dann erkannt, daß sie nun, da ihre Schwiegermutter gestorben sei, ihr eigenes Haus habe. Sie müsse nicht länger von einem zusätzlichen Raum träumen.

Die Übung

Bereiten Sie sich durch eine Hörübung vor...

Lassen Sie sich in eine wachsame und entspannte Haltung nieder...

Atmen Sie ein paar Mal tief ein, und hören Sie aufmerksam auf die Geräusche außerhalb des Raumes. Nehmen Sie sie einfach nur zur Kenntnis...

Es können Verkehrsgeräusche sein... Vogelstimmen... der Wind... der Regen...

Lassen Sie diese Geräusche langsam im Hintergrund verklingen, und beginnen Sie jetzt, Ihre Aufmerksamkeit auf Geräusche innerhalb des Raumes zu lenken...

Vielleicht hören Sie Musik, die im Hintergrund spielt..., oder die Stimme des Gruppenleiters..., die Bewegung oder den Atem von jemandem neben Ihnen...

Und nun versuchen Sie, ihre Aufmerksamkeit ganz auf Ihr eigenes Inneres zu richten..., hören Sie den Geräuschen zu, die Sie in sich selbst wahrnehmen können...

Zuerst werden Sie vielleicht nichts vernehmen...

Achten Sie auf Ihren Atem, wie er durch Ihre Nase in Ihren Körper einfließt... und wieder ausströmt...

Sie nehmen vielleicht auch Ihren Herzschlag wahr...

Entspannen Sie sich mit den Geräuschen und der zunehmenden Stille...

Lassen Sie nun Ihre Imaginationskraft arbeiten: Stellen Sie sich vor, Sie gehen einen Feldweg entlang, und in der Ferne sehen Sie einen Tempel...

Sie gehen auf ihn zu..., und da Ihre Neugier geweckt ist, steigen Sie die langen gewundenen Eingangsstufen hinauf...

Die Stufen führen zu einer Eingangshalle mit vielen Türen...

Sie wählen eine von diesen aus, und gehen durch diese Tür...

Sie befinden sich in einem gelben Raum, der sich mit gelbem Licht füllt...

Atmen Sie dieses gelbe Licht...

Während Sie so atmen, kommt ein Freund/eine Freundin auf Sie zu, nimmt Sie bei der Hand und führt Sie in einen Raum voller Bücher...

Jedes Buch ist mit einem Namen versehen, und Ihr Freund/Ihre Freundin führt Sie zu dem Buch, das Ihren Namen auf dem Titelblatt trägt...

Wie sieht das Buch aus?...

Nach einiger Zeit erzählt Ihr Freund/Ihre Freundin Ihnen, daß auf dem ersten Blatt des Buches eine Botschaft steht. Diese Nachricht ist nur für Sie bestimmt. Sie lesen sie...

Jetzt ist Zeit, mit Ihrem Freund/Ihrer Freundin über alle Ärgernisse und Probleme zu sprechen, die Sie belasten. Sie können ihm/ihr alles sagen, was Sie wollen...

Wenn Sie bereit sind, den Raum zu verlassen, gibt Ihr Freund/Ihre Freundin Ihnen die Botschaft Ihres Buches mit auf den Weg...

Sie gehen nun in den gelben Raum zurück – Gelb bedeutet hier Frieden...

Sie verabschieden sich jetzt von Ihrem Freund/Ihrer Freundin und kommen wieder zur Eingangshalle, gehen die Stufen des Tempels hinunter und den Feldweg zurück...

Sobald Sie am Ende des Weges sind, öffnen Sie Ihre Augen, dehnen sich ausgiebig und gewöhnen Ihre Augen wieder an das Licht dieses Raumes und die Menschen neben Ihnen.

Hinweis für Meditationsleiter
Die Vorbereitung einer solchen Imaginations-Übung ist ganz entscheidend für deren Gelingen. Beten Sie diese Meditation durch, bevor Sie eine Gruppe in sie hineinführen. Auf diese Weise kann man sich mit ihrer Atmosphäre und ihrem Inhalt vertraut machen. Dieses einstimmende eigene Beten bereitet den Weg zur einfühlsamen Achtsamkeit für die Gruppenmeditation, und Sie werden sich danach sicher genug fühlen, Anweisungen und Impulse zur rechten Zeit zu geben. Planen Sie ausreichend Zeit ein für den inneren Weg der Teilnehmer während der Übung und für die betende Reflexion oder den Austausch danach.

नेति नेति

15 Die Spiegel-Meditation

Bereiten Sie durch eine der vorausgegangenen Vorbereitungsübungen die Stille…

Stellen Sie sich jetzt vor: Sie gehen über ein Feld. Es ist Frühling, und Sie sehen vor sich einen schmalen Weg, der zur Spitze eines Berges führt…

Sie erreichen die Bergspitze und kommen zu einem Spiegel, der aufrecht vor Ihnen steht…

Sie bemerken, daß der Spiegel genau das Sonnenlicht reflektiert und Sie blendet…

Sie gehen um den Spiegel herum und sehen, daß er Teile seiner Spiegelfläche verloren hat…

Er ist an einer Stelle gesprungen…

Sie sind überrascht, hier auf dem Berg einen Spiegel zu finden, und fragen sich, was das bedeuten könne…

Gehen Sie nun wieder zur Vorderseite des Spiegels. Er glänzt in vollem Licht. Er strahlt soviel Licht zurück, daß Sie geblendet sind, wenn Sie direkt hineinsehen…

Die Sonne gießt ihr Licht mit aller Kraft und mit allem Glanz auf den Spiegel…

Seine kleinen und großen Mängel spielen keine Rolle. Im Vergleich zur Lichtfülle, die auf ihn fällt, sind sie belanglos…

Der Spiegel wirft alles Licht, das ihn erreicht, auf die Sonne zurück. Er hält nichts an Licht für sich zurück…

Wenden Sie jetzt Ihr Gesicht der Sonne zu. Das Sonnenlicht fällt auf Sie, Sie nehmen soviel wie möglich davon auf, und Sie sehen über alle Mängel hinweg, die Sie daran hindern könnten, mit allen Ihren Sinnen zu empfangen…

Geben Sie jetzt langsam der Vorstellung in sich Raum, wie dies der wechselseitigen Beziehung zwischen Gott und Ihnen ähnelt…

Gott ist die Sonne, Sie der Spiegel…

Gott gießt in Sie viele Gaben, und Sie nehmen teil an Gottes Fülle, soweit Sie es vermögen…

Sie ruhen in diesem Wechsel von Sonnenlicht und Liebe…

Kommen Sie allmählich zurück vom Berg in diesen Raum…

नेति नेति

16 Christus am Strand

Entspannen Sie sich, und nehmen Sie eine der empfohlenen Gebets-/Meditationshaltungen ein…

Atmen Sie langsam und tief ein, und atmen Sie mit einem tiefen Seufzer aus…

Und dies einige Male…

Spüren Sie, wie der Atem durch Ihre Nase einströmt und bis hinunter zu Ihrem Bauchraum fließt…

Entspannen Sie sich beim Ausatmen und lassen ihn dabei sich in den Raum verströmen…

Ihre Wahrnehmung ist auf Ihre natürliche Atmung gerichtet…

Lassen Sie jeden Atemzug mit seinem ruhig fließenden Rhythmus kommen und gehen…

Konzentrieren Sie sich darauf, dem Fluß Ihres Atems zu folgen, während er durch Ihre Nase einströmt, sich niederläßt bis hinunter den den Bauchbeckenraum… und dann langsam durch Ihren Mund wieder ausströmt…

Nehmen Sie in Gottes Gegenwart Platz und werden Sie dabei ganz still…

Stellen Sie sich vor: Sie sitzen allein an einem Strand…

Viele Dinge in Ihrem Leben sind in letzter Zeit allzu gewichtig geworden; finden Sie heraus, worum es sich dabei handelt…

Es könnte auch sein, daß Sie wesentliche Seiten Ihres Lebens unbeachtet gelassen haben…

Bitten Sie Christus, der sich jetzt zu Ihnen gesellt, um Stille und Frieden in Ihrem Leben…

Auf welche Weise werden Stille und Frieden möglich sein?…

Sind es solche Augenblicke und Zeiten des Alleinseins, aus denen Ihnen Kraft und Klarheit erwachsen, um wichtige Entscheidungen zu fällen?…

Gibt es Entscheidungen, vor denen Sie lieber davonlaufen möchten?…

Verlassen Sie nun langsam diesen Strand…

Erschrecken Sie nicht, wenn ich Sie bitte, sich jetzt vorzustellen, in Ihrem eigenen Grab zu liegen…

Sie betrachten Ihre Entscheidungen, die Sie jetzt für Ihr Leben getroffen haben, aus dieser Perspektive…

Lösen Sie sich auch von dieser Vorstellung und nehmen Sie sich in Ihrer jetzigen Befindlichkeit wahr ..

नेति नेति

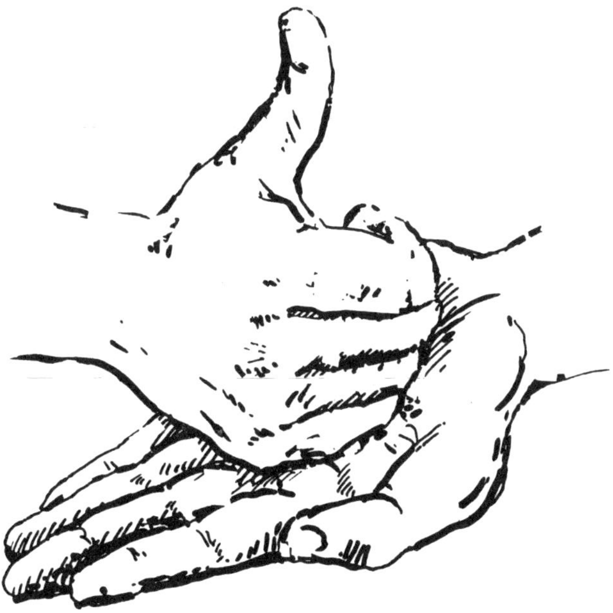

Dieses Mudra symbolisiert die Schöpferkraft von Lingam *oder des männlichen Prinzips.*

6
Die säkulare Stadt

Meine Visionen lebendig halten

> Ich wußte nur, daß man rennen,
> rennen, rennen mußte,
> ohne den Grund zu wissen, warum.
> ALAN SILLITOE

Wenn Sie heute mit jungen Menschen zu tun haben, werden Sie möglicherweise überrascht sein, wie schwer es ihnen fällt, die spirituelle Dimension in ihrem Leben zu entdecken. Noch mehr: Vielleicht ist Ihnen von sich selbst bewußt, wie säkular Ihr eigenes Leben geworden ist. Wie eine schleichende Lähmung infiziert das Materielle das Göttliche in uns. Viele fühlen sich davon bedrängt. Anthony de Mello versuchte unentwegt, fruchtbare Verknüpfungen zwischen dem Säkularen und dem Göttlichen zu schmieden, und er wußte: Dies ist keineswegs leicht.

Sie vergaßen den Turm und den Ausblick

Der Benediktiner John Main, Begründer der Meditationsbewegung „Weltgemeinschaft für Christliche Meditation", war um das gleiche Anliegen bemüht. Er erzählte einmal eine sehr schöne Geschichte von einem Jungen und seinem alten Onkel, die miteinander einen Spaziergang durch ihre Stadt machten.

Es war eine sehr moderne Stadt mit vielen großartigen Gebäuden und sehr weltlichen Menschen. Sie hieß „Säkulare Stadt" und lag wunderschön in einem Tal, von hohen Bergen umgeben. Der kleine Junge und sein Onkel waren in den ältesten Teil der Stadt gekommen, und der Bub war sehr überrascht, als sie zu einem schloßähnlichen, völlig heruntergekommenen Gebäude gelangten: ein höchst ungewöhnlicher Anblick in einer so modernen Stadt. Der Junge wollte alles über dieses Gebäude und seine Geschichte wissen. Er interessierte sich besonders für einen bestimmten Teil des Anwesens: die Reste einer Treppe, die zu einem sehr hohen Turm führte – und wollte wissen, was es mit ihm auf sich habe und wie dies alles in einen so verwahrlosten Zustand geraten sei.

Sein Onkel gab ihm zunächst fast widerwillig, dann jedoch nachdenklich Auskunft über den zerfallenen Turm: Er sei einst der Mittelpunkt des Gebäudes gewesen und hätte weit über die Säkulare Stadt hinausgeragt. Man habe von ihm einen wunderbaren Blick über das ganze Gebiet gehabt. Besondere Menschen hätten dort gelebt und einen wichtigen Dienst für die Stadtgemeinschaft verrichtet.

Da die Säkulare Stadt ja ringsum von Bergen umgeben sei, lebten die Menschen da unten recht abgeschieden und erlebten alles nur aus dem engen Blickwinkel ihrer Säkularen Stadt. Doch vor langer Zeit stiegen einige, die dort lebten, auf diesen hohen Turm, und der Anblick von dort oben gab ihrem Leben eine ganz neue Dimension und Weite. Die Menschen der Stadt konnten jedoch nicht verstehen, warum die Mönche, die dort oben lebten, in ihrer Stadt Schulen, Kranken- und Waisenhäuser und Altenheime errichteten. Der Onkel sagte sehr versonnen, das habe seinen Grund gehabt in ihrem täglichen Blick von diesem Turm, von oben auf die Stadt da unten.

Die Turmspitze zu erklimmen sei ein schwieriges Unterfangen gewesen, und im Lauf vieler, vieler Jahre traten sich die Stufen ab, und sie zu begehen wurde irgendwann sogar gefährlich. Schließlich beschlossen die Mönche, die Stufen zu erneuern, und damit habe der ganze Verfall begonnen. Denn die einen wollten die Stufen lediglich ausbessern, andere dagegen hätten am liebsten den alten Turm niedergerissen und einen neuen gebaut. Andere kamen auf die Idee, einen Aufzug zu installieren, und so wurden die Überlegungen immer komplizierter. Immer aber habe es ein paar Mönche auf der Turmspitze gegeben, die Ausschau hielten, und andere befanden sich auf ihrem Weg nach oben. Irgendwann waren aber alle so in ihren Plänen verfangen, daß sie schlußendlich hinuntergingen, um alles noch einmal genau zu überlegen, was lange und nochmals lange Zeit dauerte. Und irgendwann vergaßen sie den Blick von oben ins Leben und in die Zukunft. Da ihnen die Kraft und Weisheit ihrer Visionen fehlten, verloren die Mönche am Ende den Mut, das Gebäude zu erneuern, und was heute daran erinnere, sei nur noch diese Ruine. Die Treppe ist verschwunden, und die Mönche sind fort. Nur ein paar Menschen erinnern sich an die Mönche und ihre Vision, doch die meisten haben sie ganz vergessen.

Dies könnte ein Gleichnis sein, das für heutige Menschen eine besondere Botschaft in sich birgt: Ohne eine geistige, spirituelle Vision und Dimension wird das Leben der Menschen säkular, und die Vision kann nicht lebendig erhalten oder weiterentwickelt werden, wenn man ihr keine Zeiten des Betens und Sich-Besinnens widmet.

Unsere Visionen lebendig halten

Kardinal Basil Hume von Westminster sprach einmal von der Notwendigkeit, unsere Visionen durchs Beten lebendig zu halten. Wenn er übers Beten sprach, ging es immer auch um diese Lebensdimension. Er sagte: Obwohl er täglich mit viel Säkularem zu tun habe, mit Ungläubigkeit und Unreligiösem, bleibe er dem treu, woran er als essentielle Wahrheit glaube: daß wir alle in uns einen Raum haben, den nur Gott füllen könne. In unserer westlichen Zivilisation haben wir selber Gott weitgehend aus dem Leben verdrängt, wogegen es in Osteuropa die weltlichen Machthaber waren, die versuchten, die Religion aus der Gesellschaft zu verbannen. Damit hatten sie jedoch, wie sich heute zeigt, keinen Erfolg. Sind wir im Westen also „erfolgreicher"? Erfolgreicher schon, aber nicht reicher, was die Innenseite menschlichen Lebens betrifft.

Da ist eine Kraft in der menschlichen Seele, die immer bemüht ist, den eigentlichen Sinn des Lebens zu finden.

Jene, die zweifeln und zynisch sind, bat Basil Hume, in sich selbst hineinzuschauen und sich zu fragen: „Was ist der Sinn meines Lebens, und warum bin ich eigentlich auf der Erde? Was geschieht mit mir nach meinem Tod?"

Kardinal Hume sagte, Benedikt von Nursia, der große Mönchsvater, habe den Lobpreis Gottes zur ersten Pflicht der Mönche erhoben. Doch sei dies auch eine Aufgabe jedes getauften Christen. Mönche führen ein konsequent spirituelles Leben, mit immer wiederkehrenden Zeiten des Gebets. Was macht es so schwer, daß dieses auch für jeden, der Kontakt zu Gott, zur Tiefendimension des Lebens sucht, ein lebhaftes, natürliches Bedürfnis ist, Zeit, Raum und Ort für Gebet und Meditation zu finden? Wenn die meisten Menschen nur dann beteten, wenn sie ein aus einer Not geborenes Bedürfnis danach verspürten, würden sie es überhaupt nicht tun. Beten erfordert auch Disziplin. Was anfangs wie eine Last aussieht, wird jedoch zur Freude, wenn man es konsequent praktiziert.

Das Herz des Religiösen

Ich sehe in jüngsten Ereignissen ein Zeichen der Hoffnung, daß wir die innere Armut und Einsamkeit der völligen Säkularisation zu erkennen beginnen. Mehr und mehr Menschen fragen sich, wohin sich eine rein weltliche Gesellschaft entwickelt, und manche spüren, daß wir tiefer, sehr viel tiefer gehen müssen als bisher, um die Bedeutung der Spiritualität wieder zu entdecken. Auch die Jüngeren fühlen dies. Es geht darum, eine Antwort zu finden auf die Vertrautheit, die Gott mit uns sucht. Dies ist das Herz des Religiösen, und dies sollte uns motivieren und inspirieren.

Mehr und mehr Menschen fangen an zu verstehen, daß ihr persönliches Glück und ihr Bedürfnis nach Erfüllung und gelingendem Leben nicht allein aus materiellem Besitz – eine Konsequenz der zahlreichen Güter, die eine auf Konsum ausgerichtete Gesellschaft zur Verfügung stellt – erwachsen können. „Der Mensch lebt nicht vom Brot allein." In den Herzen der Menschen herrscht tiefe Sehnsucht nach geistigem, existentiellem Sinn. Religion sucht nach Antwort auf eine Wirklichkeit tief in uns selbst, nach Antwort auf eine Ahnung oder auf eine Gewißheit, daß Gott uns ruft, zu ihm zurückzukehren, nach Antwort auf die Stimme und das Bedürfnis des Herzens, für das Christus zu uns auf die Erde gekommen ist, als er sagte: „Besinnt euch und glaubt an die Frohbotschaft!"

Sinead O'Connor, die beliebte und umstrittene irische Sängerin, sagte bei einem Interview mit einer irischen Zeitung: „Ich sehe mich selbst als einen Mensch, der Totenklage hält; denn ich sehe mich als jemanden, der die Menschen dazu bringt, ihre Trauer hinauszuschreien. In meiner Jugend schnitt ich immer mehr von meinen Haaren ab, bis ich schließlich mein ganzes Haar abrasierte, weil mir der Lebenssinn fehlte. Ich denke, fast jeglicher Kontakt mit Spiritualität ist verlorengegangen. Die Menschen glauben an keinen Gott. Ich spüre, daß der Weg, das Leben zu leben, darin besteht, sich einzugestehen, daß es eine Kraft gibt, die größer ist als wir und an die man sich wenden kann."

Der amerikanische Philosoph Henry Thoreau schrieb: „Die meisten Menschen leben ihr Leben in stiller Verzweiflung, weil sie Gefahr laufen, alle Bedeutung und allen Sinn in ihrem Leben zu verlieren."

Wo ist das Feuer?

Anthony de Mello nutzte jede Gelegenheit, auf dieses Lebensthema aufmerksam zu machen. Ganz besonders angetan war er von der Geschichte eines Erfinders, der eines Tages in das Lager eines uralten Stammes kam.

Dieser Erfinder war ein besonders guter Mensch und hatte gerade einen einfachen Weg entdeckt, Feuer zu entfachen. Für den Stamm war Feuer sehr lebenswichtig; denn sie brauchten es, um sich zu wärmen und ihr Essen zu kochen. Bis zu diesem Zeitpunkt war einer von ihnen nur damit beschäftigt, Feuer anzünden. Er schlug zwei Steine so lange aneinander, bis ein Funke sprang. Die Methode jenes Erfinders jedoch war wesentlich einfacher. Da er ein großmütiger Mann war, zeigte er ihnen, wie sie mit seiner neuen und leichteren Methode Feuer machen konnten.

Die Stammesgenossen freuten sich, denn sie erkannten gleich die Vorteile dieser neuen Technik. Die einzigen, die sich nicht freuten, waren die Priester. Sie sahen, daß der Erfinder den Geist und die Herzen der Menschen für sich gewann. Würde dies so bleiben, verlören sie „ihr Gesicht" und ihren Einfluß bei den Menschen. Daher heckten sie einen bitteren Plan aus. Sie ließen den Erfinder töten; doch da sie Angst vor den Menschen hatten, priesen sie ihn in höchsten Tönen und bauten einen Schrein zu seinem Gedenken. Vor diesen Schrein stellten sie ein Bild des Erfinders und zündeten kleine Feuer an, um den Mann und seine Begabung zu ehren. Jeden Tag kamen die Menschen zu dem Schrein, um zu beten und Gott für den Erfinder und sein Geschenk zu danken.

Mit den Jahren ging allmählich sein Geheimnis, Feuer zu entfachen, verloren, und alles, was an ihn erinnerte, war das vergilbende Bild dieses Mannes mit ein paar verglimmenden Glutstellen davor.

Anthony de Mello erzählte diese Geschichte, und dann klatschte er in die Hände und sagte: „Was ich wissen will, ist: Wo ist das Feuer?" Ein Glaube, der weder Freude noch „gute Nachrichten" mit sich bringt, war für ihn ein fauler Zauber. Für ihn bedeutete eine lebenspendende Religion das Feuer, und er befürchtete, daß wir das Wahre töten und einen Götzen an seine Stelle setzen.

नेति नेति

17 *Der barmherzige Samariter*

Lukas 10,25–37

Seit längerer Zeit – ich wiederhole mich – fasziniert mich die Kraft der Imagination. Sie kann Wesentliches von dem entfalten, was in unserem inneren Leben wahrhaft wesentlich ist. Sie kann auch zu Christus, zu einem tieferen Bewußtsein seiner Gegenwart in unserem Leben führen.

Nachdem Sie die Geschichte aus dem Lukas-Evangelium gelesen haben, setzen Sie sich für die folgende Übung bequem hin...

Halten Sie Ihren Kopf aufrecht und Ihren Rücken gerade...

Versuchen Sie, durch eine der bereits beschriebenen Atemübungen in die Stille zu finden...

Nehmen Sie sich Zeit, lassen Sie Ihre Imaginationskraft sich entfalten, um so dem Raum der Wahrheit, der in den Tiefen Ihres Seins verborgen liegt, die Tür zu öffnen...

Stellen Sie sich nun vor: Sie sind der arme Samariter, der von Räubern überfallen wurde...

Wer und was ist Ihr Feind?...

Haben Sie einen oder mehrere Feinde?...

Auf welche Weise wurden Sie verletzt?...

Waren es Attacken physischer, emotionaler, psychischer Art?...

Wo und wie werden Sie häufig angegriffen?...

Wie reagieren Sie auf das Gefühl von Schmerz und Schwäche, Rat- und Hilflosigkeit?...

Wenn Sie über Ihr reales Leben nachdenken: Welche Bilder, Gedanken, Erinnerungen, welche verletzten Gefühle, welche Ablehnungen tauchen in Ihnen auf?...

Denken Sie auch an die Menschen, die Ihnen während Ihres Lebens geholfen haben, so wie der barmherzige Samariter...

Bei welchen Anlässen war das?...

Von welchen Wunden wünschen Sie, daß sie schnellstens verheilen?...

Um welche Freiheit bitten Sie Jesus, daß er sie Ihnen gewähre?...

Welches ist derzeit Ihr größtes Bedürfnis?...

Bitten Sie Jesus, Sie zu heilen und Sie zu einer freien Person zu machen...

Hören Sie auf alles, was er Ihnen sagen könnte...

Beenden Sie diese Imagination allmählich mit einer abschließenden Vorstellung: Sie können beispielsweise den Geräuschen in Ihnen zuhören, indem Sie sich das sachte Auf und Ab Ihres Atems bewußt machen...

Lassen Sie dann Ihre Aufmerksamkeit nach außen, zu den Geräuschen im Raum gehen...

Enden Sie, indem Sie Ihre gesammelte Aufmerksamkeit auf alle Geräusche, die Sie außerhalb des Raumes wahrnehmen, richten...

Wenn Sie wieder in diesen Raum zurückkommen, nehmen Sie sich Zeit und lassen das, was die Imagination vor Ihnen entfaltet hat, durch den Kopf gehen...

Wenn es Ihnen sinnvoll erscheint und wenn Sie diese Übung in einer Gruppe gemacht haben, teilen Sie, so viel Sie mögen, einem Freund oder dem spirituellen Begleiter mit.

नेति नेति

18 Stille-Übung

Nehmen Sie eine Ihnen vertraute Gebetshaltung ein, und entspannen Sie Ihren Körper...

Werden Sie sich Ihres ruhig fließenden Atems bewußt...

Spüren Sie die Luft, wenn Sie durch Ihre Nase einströmt...

Spüren Sie den Fluß des Atems beim Ein- und Ausströmen durch Ihren Körper...

Spüren Sie, ob er warm oder kalt ist...

Hören Sie auf seinen Klang...

Stellen Sie sich den Atem als farbigen Nebel oder als Licht vor, wie er einatmend durch Ihre Nase zum hinteren Rachenraum... und dann zu Ihren Schultern strömt...

Stellen Sie sich nun vor: Sie haben einen Körper aus Glas, und Sie sehen, wie beim Einatmen der farbige Atemnebel zu Ihrem Brustraum... in Ihre Arme fließt... um Ihr Rückgrat kreist... und zu Ihrem Bauchbeckenraum hinunterfließt...

Nach einigen Augenblicken stellen Sie sich vor, wie der Ausatem seine Rückreise antritt hinauf zu Ihrem Brustraum... zu ihren Armen... den Schultern... in den hinteren Rachenraum... und von dort durch Ihren Mund nach außen...

Verwandeln Sie diese Übung in ein Gebet: Wählen Sie ein Mantra, und wiederholen Sie stetig das gewählte Wort oder den Satz, während Sie ein- und ausatmen. Sie können beispielsweise das Wort „Ja" beim Einatmen nehmen (indem Sie von Gott Leben annehmen) und „Christus" beim Ausatmen (indem Sie ihm Ihr Leben übergeben)...

Oder Sie nehmen einen Satz aus einem der Gesänge von Taizé: „Herr, höre mein Gebet. Herr, höre mein Gebet", wenn Sie einatmen...

und schließen Sie beim Ausatmen an: „Wenn ich rufe, antworte mir"...

Nehmen Sie sich für diese Übung 10 oder 15 Minuten Zeit, und Sie werden feststellen, daß Sie sich mehr und mehr zu entspannen beginnen, hin in eine große Stille...

Auf diese Weise erlauben Sie Ihrer Imagination, ihre Geheimnisse vor Ihnen zu entfalten...

नेति नेति

19 November-Meditation

Ich habe diese Meditation für den November gewählt, um im Gebet für die Verstorbenen zu danken. Zu Beginn lade ich die Gruppenmitglieder ein, an Verstorbene zu denken, die ihnen nahestanden, die ihnen lieb waren und an die sie sich gerne erinnern. Wir beten entweder „für" sie oder „zu" ihnen, je nachdem, ob wir glauben, daß sie bereits im Himmel sind oder daß wir ihnen bei ihrer Reise dorthin helfen möchten. Dann gebe ich allen eine Kerze als Symbol für den geliebten Menschen in die Hand.

Ich beginne dann mit einem Lied von Mary Black, *Wonder Child*, und empfehle den Teilnehmern, an einen Menschen zu denken, der ihnen viel bedeutet hat. Ich bitte sie, die Augen zu schließen.

Es ist eine große Hilfe, wenn ich mich als Gruppenleiter persönlich an einen Menschen erinnere, der für mich eine große Bedeutung hat(te), und wenn ich der Gruppe sage, warum dieser Mensch für mich eine besondere Bedeutung hat(te).

In meiner Erinnerung sehe ich diesen besonderen Menschen, wie er sich auf seinen Weg zu Gott begibt, als würde er langsam einen steinigen Berg erklimmen. Am Wegesrand bemerke ich ab und zu große Felsbrocken, und ich spüre, daß mein Freund ermüdet und versucht ist, seine Reise aufzugeben und niederzusinken, um zu ruhen. An dieser Stelle beginnt meine Aufgabe. Ich bete für den Menschen, an den ich mich erinnere, und bitte Gott, ihm Mut und Stärke zu geben, damit er seine Aufgabe erfüllen kann. Ich weiß: Zu gegebener Zeit wird er für mich beten. Ich beende diese Erinnerung mit demselben Lied, das ich am Anfang benutzt habe.

Warnende Hinweise

Manche Menschen können von Grund auf erschüttert werden, wenn sie für einen geliebten Menschen auf diese Weise beten. Ich stelle den Gruppenmitgliedern immer schon im Vorfeld diese Form des imaginativen Betens vor und lasse jene frei über ihre Teilnahme entscheiden, die fürchten, daß es zu aufwühlend für sie sein könnte (dies trifft vor allem auf Menschen zu, die erst kürzlich jemanden verloren haben).

Als abschließende Vorsichtsmaßnahme richte ich es ein, den Gruppenmitgliedern nach einer solchen Meditation Zeit zu geben, um ihrem Nachbarn in der Gruppe, je nach Wunsch, mitzuteilen, wie es ihnen bei dieser Meditation ergangen ist.

नेति नेति

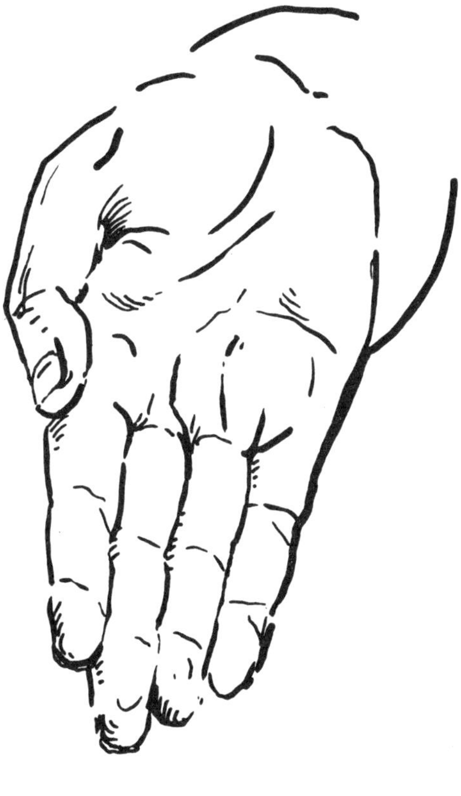

Das Abhya Mudra

Die „Haltung, die Angst vertreibt“ – eine Geste, wie sie oft bei Buddha-Darstellungen zu finden ist

7
Das Leiden in unserer Welt

Der Tod löscht nicht das Licht,
sondern die Lampe aus,
denn der Tagesanbruch naht.
TAGORE

Mit Leiden konfrontiert zu werden ist nie einfach für uns, aber ich stelle mir selbst die Frage: Wählt Gott den Weg des Leidens, das uns in unserem Leben widerfährt, um sich uns zu zeigen? Meister Eckhart sagte: „Der getreue Gott läßt seine Freunde erkranken und zerstört jede Stütze, an die sie sich lehnen." Bei Dietrich Bonhoeffer finde ich diese Zuversicht: „Ich glaube, Gott kann und wird Gutes aus Bösem, selbst aus dem Allerschlimmsten, erschaffen. Dafür braucht er Menschen, die aus allem das Beste machen. Ich glaube, daß Gott uns alle Kraft geben wird, um in Zeiten des Leidens widerstehen zu können. Aber er gibt sie uns nie im voraus, damit wir uns nicht auf uns selbst, sondern nur auf ihn verlassen."

Verbirgt sich Christus hinter jedem Kruzifix in unserem Leben? Sheila Cassidy, Sterbebegleiterin und Autorin von *Good Friday People*, der selber schweres Leid widerfuhr, sagte: „Das Leiden ist eine Tatsache im Leben. Es verschwindet nicht, wenn man es verneint oder darüber hinwegsieht. Ich weiß nicht, ob es einen Sinn hat oder nicht; doch tief in meinem Herzen glaube ich, daß es sinnvoll ist. Dessen bin ich mir auf jeden Fall sicher: Wichtiger als die Frage nach dem Sinn des Leidens ist die Tatsache, daß wir uns an die Seite derer, die leiden, begeben und bei ihnen sind."

Vor kurzem erlebte ich folgendes: Man bat mich, an einem Gebetswochenende mit Jugendlichen teilzunehmen. Diese Wochenenden sind sehr beliebt und werden jungen Menschen angeboten, um ihnen für ihre Selbst- und Glaubensfindung Orientierung zu geben. Meine Aufgabe bei diesem Wochenende war es, diejenigen, die einen Priester sprechen wollten, zu beraten.

Kaum hatte das Seminar begonnen, kamen drei junge Frauen in das Beratungszimmer. Zwei der Frauen hatten sozusagen eine dritte untergehakt, die sich jedoch nur widerwillig mitziehen ließ. Sie setzten sie auf einen der leeren Stühle und gingen dann weg. Ein paar Minuten lang herrschte Schweigen; aber dann, langsam, nach und nach, begann die junge Frau, ihre Geschichte zu erzählen. Nennen wir sie Liz.

Sie erzählte, daß sie sich verlobt hatte. Doch in der Verlobungszeit stellte Liz fest, daß ihr Verlobter mehr trank, als ihr lieb war. Sie entschloß sich, dieses Problem aus der Welt zu schaffen, bevor es zum Hauptstreitpunkt zwischen ihnen würde, und bestand schließlich darauf, die Verlobung zu lösen. Falls es ihrem Verlobten gelänge, sechs Monate keinen Alkohol zu trinken, würden sie ihre Beziehung wieder aufnehmen und heiraten. Sollte der junge Mann allerdings nicht vom Alkohol lassen, würden sie dies als Zeichen nehmen, nicht zueinander zu passen. Nach nur wenigen Tagen kam der junge Mann zu Liz und sagte, daß er sich gebessert habe und von nun an endgültig mit dem Trinken aufhöre, wollte er doch ernsthaft die Beziehung wieder von vorn beginnen, da er die Trennung nicht ertrage. Liz aber bestand auf ihrer Abmachung, und ihr Verlobter ging unwillig fort und sagte, daß er sich in so schlechter Verfassung befände und sich etwas antun würde.

Mit Tränen in den Augen erzählte Liz, daß sie ein paar Stunden später einen Anruf der örtlichen Polizei erhielt, unverzüglich zum Haus ihres Freundes zu kommen, da er sich dort verbarrikadiert habe und drohe, sich zu erschießen. Als sie zum Haus kam, mußte sie feststellen, daß sie gerade zu spät gekommen war. Der junge Mann hatte seine Drohung wahr gemacht und sich umgebracht.

Dieser Vorfall hatte eine solch traumatischen Wirkung auf Liz, daß sie nach Hause zurückkehrte und, wie sie selbst sagte, nur mehr einsiedlerisch lebte. Sie aß so gut wie nichts, vermied jeden Kontakt, und ihre Zukunft wurde ihr einfach gleichgültig. Wochenlang lebte sie so dahin, und ihre Gesundheit begann darunter erheblich zu leiden. Ihre Freundinnen sorgten sich ernsthaft um sie; doch nur einer einzigen gelang es, ihren Panzer aufzubrechen: Jeden Abend kam ihre jüngere Schwester von der Schule und bestand darauf, in ihr Zimmer zu kommen. Dort setzte sie sich auf das Bett und erzählte ihr den ganzen Tratsch und die Neuigkeiten des Tages, monatelang, obwohl sie von Liz kaum oder gar keine Antwort bekam. Schließlich erzählte sie Liz, daß sie zu diesem Jugendwochenende ginge, und sie drängte Liz mitzukommen. Bei diesem Wochenende schleifte dann die jüngere Schwester Liz zu einem Gespräch mit mir. Liz sagte: „Meine Schwester hat mich dem Leben zurückgegeben; denn als sich Gott nicht länger um mich zu kümmern schien und ich selbst kein Interesse mehr am Leben hatte, weigerte sie sich, mich aufzugeben."

Wenn Leiden uns berühren...

Anthony de Mello wußte nur zu gut, daß in jedem Menschenleben Schwierigkeiten, Not, Krisen und auch bitterste Katastrophen geschehen können. In solchen Momenten scheint Gott sehr weit von uns entfernt zu sein. Und dann kann man auf Leiden in unterschiedlichen Weisen antworten. Betrachten wir einige der möglichen Reaktionen.

Reaktion 1
Angst: Viele reagieren ängstlich auf bedrohliche Situationen. Häufig sind wir nicht sicher, woher diese Angst kommt oder warum sie überhaupt existiert. Dies kann in einer Kindheitserinnerung begründet liegen, beispielsweise in der uralten Angst, jemandem ausgeliefert zu sein oder mit einer Situationen nicht umgehen zu können, sie nicht einmal zu verstehen. Dieses ohnmächtige Gefühl kindlicher Ängste setzt sich womöglich im jugendlichen Alter fort, wenn man von Gleichaltrigen tyrannisiert oder unter Druck gesetzt wird. Die Angst kann im Laufe der Jahre anwachsen: Fühlen wir uns durch eine Heirat an einen unpassenden Partner gebun-

den, oder bleiben wir einfach partnerlos? Vielleicht bricht unsere Ehe auseinander, oder wir werden arbeitslos, oder einem unserer Kinder passiert Schlimmes. Manchmal kann man eine Angst gar nicht benennen, und wir erkennen nicht einmal, was uns so schreckliche angst macht. Wenn wir gegen sie nicht ankämpfen, kann uns diese namenlose Angst überwältigen und lähmen.

Ich erinnere mich an eine Frau, mit der ich im Gespräch war und die regelmäßig träumte, allein in einem fremden Haus zu sein, in dem gestaltlose Geister ihr folgten, an die Fenster klopften und sie in größte Ängste versetzten. Eines Nachts in ihrem Traum endlich drehte sie sich um und trat ihrer Angst gegenüber. Auf diese Weise freundete sie sich mit dem fremden Wesen an, und auf der Stelle beängstigte der Geist sie nicht länger. Es war, als ob die einfache Tatsache, sich der in ihr wohnenden Angst zu stellen, sie vertrieb.

Reaktion 2

Eine andere Art, auf Leiden in unserem Leben zu reagieren, ist, wie gelähmt zu sein. Man mag sich erinnern, wie die Apostel reagierten, als sie feststellten, daß sie ihren Herrn und Meister verloren hatten. Sie schlossen Türen und Fenster und verbarrikadierten sich. Sie waren wie gelähmt.

Der frühere Ministerpräsident der Sowjetunion, Nikita Chruschtschow, reagierte bei Drohungen auf ähnliche Weise. Er erzählte davon, wie er vor dem versammelten Präsidium der Partei in Moskau über den Terror der stalinistischen Ära sprechen sollte. Während seiner Rede erhob sich eine Stimme aus dem Hintergrund des Saales und fragte anklagend: „Wo waren Sie, Genosse Chruschtschow, als der ganze Terror anfing? Warum haben Sie Stalin nicht noch zu dessen Lebzeiten zur Rede gestellt?" Chruschtschow schrie, so laut er konnte, daß der Feigling hinten im Saal, der die Frage gestellt hatte, ohne sich zu erkennen zu geben, aufstehen solle. Ein beängstigendes Schweigen ergriff die Halle. Niemand wagte aufzustehen oder weiterzusprechen, aus Furcht vor den Konsequenzen. In diese tiefe Stille hinein sagte Chruschtschow leise: „Ich war wie du, Genosse. Ich sagte nichts, weil auch mich der Schrecken überwältigt hatte."

Reaktion 3
Eine dritte mögliche Reaktion auf schmerzliche Situationen in unserem Leben ist, Gott der Ungerechtigkeit anzuklagen. Wir können zu Menschen werden, die nur mehr über ihr Leben jammern.

Ich erinnere mich hierbei an eine von Anthony de Mellos Geschichten über einen Mann, der einem strengen religiösen Orden beitreten wollte. Ihm wurde erklärt, daß die Ordensregel nur einmal alle fünf Jahre ein Gespräch, das nur aus zwei Worten bestehen durfte, mit dem Abt erlaube. Nach fünf Jahren rief der Abt den Mann zu sich und sagte zu ihm: „Sag mir deine beiden Worte." Der Mann antwortete: „Scheußliches Essen."

Wieder fünf Jahre später rief der Abt den Mann zu sich und sagte: „Sag mir deine zwei Worte." Der Mann antwortete: „Hartes Bett."

Nochmals fünf Jahre später fragte der Abt den Mann nach seinen zwei Worten, und dieser antwortete: „Kaltes Zimmer."

Fünf Jahre später wurde die Übung wiederholt, und dieses Mal antwortete der Mann: „Um die Wahrheit zu sagen, ich habe diesen Ort gründlich satt, und ich habe mich entschlossen wegzugehen." Darauf erwiderte der Abt: „Das überrascht mich überhaupt nicht; gut, daß wir dich los sind; denn seit du hier bist, hast du nichts anderes getan, als dich zu beklagen."

Dies erinnert mich an eine Mystikerin, die vor vielen Jahren in Bagdad lebte und von ihren Anhängern gefragt wurde, was der erste notwendige Schritt sei, um die Tugenden der Hingabe und Geduld im Leben zu erreichen. „Hört auf, euch zu beklagen", sagte sie. Im ersten Augenblick waren ihre Anhänger ziemlich enttäuscht, keinen tiefgründigeren und spirituelleren Rat erhalten zu haben; trotzdem klangen diese Worte in ihren Ohren nach, und jedesmal, wenn sie sich beklagen wollten, meditierten sie über ihre weisen Worte und erkannten, daß es verlorene Zeit sei, nach Geduld und Hingabe zu streben, bevor sie nicht mit dem Klagen aufhörten.

Wenn Anthony de Mello mit Gruppen arbeitete, erzählte er oft eine alte indische Geschichte, die ungefähr so lautet:

Es war einmal ein Mann, der sich ununterbrochen bei Gott beklagte, wie schlecht alles in seinem Leben liefe, so daß Gott die Litanei von Klagen nicht länger ertrug. Er erschien dem Mann und sagte ihm, daß er ihm drei Wünsche erfülle, aber danach keine weiteren Klagen mehr hören wolle. Der Mann war überglücklich, und er bat Gott unverzüglich darum, seine alte Frau sterben zu lassen, um eine jüngere und hübschere wählen zu können. So geschah es, und der Mann war zufrieden; doch in den folgenden Tagen bis zum Begräbnis kamen ununterbrochen Freunde zu ihm und beklagten das gewaltige Unglück, das in sein Leben getreten sei, da er seinen kostbarsten Schatz verloren habe. „Denk doch nur daran", sagten sie, „wie sie sich dir angepaßt und sich mit all deinen Eigenarten zurechtgefunden hat."

Als der Mann die Wahrheit ihrer Bemerkungen erkannte, lief er schnell zu Gott und fragte ihn, ob er seine Frau wieder zurückhaben könne. „Ja, gut", sagte Gott, „aber denk daran, daß du den zweiten deiner Wünsche gerade in Anspruch genommen hast."

Nachdem eine Woche vorüberging, ohne daß der Mann weitere Bitten an Gott herangetragen und sich sein Schweigen schon über einen Monat hingestreckt hatte, dann über ein Jahr und schließlich über zehn Jahre ohne einen Wunsch vergangen waren, konnte Gott die Spannung nicht länger ertragen. Er ging zu dem Mann, um herauszufinden, warum er seine Gewohnheit, sich zu beklagen und zu nörgeln, aufgegeben habe, und der arme Mann gestand ihm, daß er sich nicht entscheiden könne, um welchen dritten Wunsch er bitten solle. Manche seiner Freunde schlugen vor, um Geld zu bitten; doch andere meinten, ein solches Geschenk wäre ohne Gesundheit nutzlos. Wieder andere rieten ihm, sich ein langes Leben und Gesundheit zu wünschen; aber klügere Köpfe sagten, ein solches Geschenk ohne Glück im Leben würde ein furchtbares Ende nehmen. Und so platzte der Mann heraus: „Herr, kannst du mir nicht helfen? Kannst du mir nicht raten, was mein letzter Wunsch sein soll?"

Der Herr lachte und sagte: „Bitte darum, daß du mit all dem, was du bekommst, glücklich wirst."

Reaktion 4
Aufzugeben, wenn die Ereignisse unerträglich werden, ist eine weitere mögliche Reaktion auf Unglücksfälle in unserem Leben. Christus selbst mußte bei seinem Umgang mit Menschen in Not seinen Zuhörern immer wieder Mut zusprechen. So wie er zu der Frau am Jakobsbrunnen sagte, eine Quelle spiritueller Kraft sei in Reichweite, und wenn sie's nur erkenne, würde sie bitten: „Gib mir das lebendige Wasser"; denn dies ist der treueste Freund in Zeiten der Prüfung.

Reaktion 5
Die fünfte Reaktion gegenüber schmerzlichen Situationen in unserem Leben kann ein Gefühl von Kraftlosigkeit sein, ein Gefühl, nur wenig oder nichts gegen den Schmerz oder seine Ursache tun zu können.

Vor einigen Jahren war ich Mitglied des beratenden Teams in einem Exerzitienzentrum, wo regelmäßig Wochenenden mit Anonymen Alkoholikern stattfanden. Mit Sicherheit kann man sagen, daß diejenigen, die diese Wochenenden veranstalteten, ihren Aufenthalt dort als Privileg und Freude empfanden; denn dabei lernten sie mindestens genauso viel wie die Alkoholkranken selbst. Die, die unter dieser Krankheit litten, lehrten uns eine Menge; denn sie waren mit die ehrlichsten und mutigsten Menschen, denen ich jemals begegnet bin. Die erste Lehre, die sie uns erteilten, noch bevor eine Genesung einsetzen konnte, war, daß die Suchtkranken manch eigene bittere Wahrheit zugeben mußten. Sie mußten sich ihr Scheitern eingestehen, mußten zugeben, ihre Schwäche nicht allein aus eigener Kraft überwinden zu können und daß sie, so wie der heilige Paulus sagte, von Zeit zu Zeit wieder genau in die Gewohnheiten, die sie verabscheuten und die sie abzulegen wünschten, zurückfielen. Sie brauchten etwas oder jemanden außerhalb ihrer selbst, sollte eine Veränderung eintreten. „Wer wird mich retten?" war ihr fortwährender Hilfeschrei, und sie erkannten, daß nur eine Art höherer Kraft ihre einzige Chance war. Sie mußten zum Brunnen des lebendigen Wassers gehen, so daß sie, wie wiederum Paulus gesagt haben könnte, nachdem sie alles verloren hatten, ihre Selbstachtung zurückgewinnen und den Worten Christi glauben könnten: „Mein Erbarmen reicht für dich."

Dem Leiden ausgeliefert

Im Leben vieler Menschen bricht manchmal eine schwere Krise aus, eine körperliche Krankheit, eine Depression. Andere leiden unter dem Verlust eines geliebten Menschen, ihrer Arbeit, ihrer finanziellen Sicherheit oder ihres Seelenfriedens. Freunde können sie verlassen, sie verlieren ihren guten Namen oder ihr Ansehen aus früheren Tagen.

Kardinal Joseph Bernardin von Chicago befand sich in einer solchen alptraumgleichen Situation, als er im November 1993 des sexuellen Fehlverhaltens angeklagt und zu zehn Millionen Dollar verurteilt wurde. Seine eigenen Worte fassen seine Notlage und seine Verzweiflung zusammen: „Meine Gefühle waren Unglaube und Verwirrung zur gleichen Zeit; dann wurde ich wütend, und schließlich empfand ich Mitleid und Traurigkeit für meinen Ankläger. In diesem Gemütszustand befinde ich mich jetzt."

Stellen Sie sich die Situation vor: Gegen Kardinal Bernardin wurde von einem 34jährigen Mann, der an AIDS erkrankt war, ein Prozeß angestrengt. Der Anklagepunkt bezog sich auf eine sexuelle Belästigung, die vor ungefähr 20 Jahren, zwischen 1975 und 1977, stattgefunden haben soll. Zeitungen und Fernsehen brachten die Schlagzeile in der ganzen Welt groß heraus und mutmaßten, die Anklagepunkte basierten auf einem realen Vorfall.

Die zweite Nachricht schlug wie eine Bombe ein: Das AIDS-Opfer enthüllte, daß diese Geschichte und die Anklagepunkte nicht wahr und aufgrund falscher und unzuverlässiger Erinnerungen bei einer Hypnose entstanden seien. Kardinal Bernardin sagte, die Monate während der Beschuldigungen seien für ihn wie ein Wirklichkeit gewordener Alptraum gewesen. Man kann sich vorstellen, wie gedemütigt und hilflos er sich durch die öffentlichen Angriffe gefühlt haben muß. Es gab nur ganz wenige Möglichkeiten, eine solche Anklage zu widerlegen. Trotz allem überwältigte ihn die Finsternis nicht, und später konnte er darüber sprechen, was sich in ihm durch diese bittere Krise positiv entwickelt habe. „Sie hatte einen starken spirituellen Einfluß auf mich", sagte er, „und ich entwickle eine gewaltige Sympathie für jeglichen unschuldig Angeklagten."

Der Kardinal machte es sich zur Aufgabe, sich nicht von dem Alptraum überwältigen zu lassen. Er entschloß sich, zu seinem Ankläger Kontakt aufzunehmen und ihn im Krankenhaus zu besuchen. Der junge Mann seinerseits wünschte eine Zusammenkunft mit dem Kardinal, um sich für die Verwirrung und das Leiden, das er verursacht hatte, zu entschuldigen. Die Begegnung wurde, nach den Worten des Kardinals, zu einer Begegnung „voller Barmherzigkeit, mit der jeder von uns beiden den Vorfall endgültig zu den Akten legte und die uns Frieden schenkte".

Was kann man tun, um auf die dunkelsten Momente unseres Lebens ein Licht zu werfen? Folgende Hinweise mögen kleine Schritte auf dem Weg sein: (1) mich hinsetzen und ruhig werden; (2) genau erspüren, wie ich auf schmerzliche Situationen reagiere; (3) den Ursachen nachspüren, die sich hinter meiner Reaktion verbergen; (4) mich Gott hinhalten, wie ich bin.

Andere, die beängstigenden Situationen in ihrem Leben gegenüberstanden, halten eher (5) eine aktive oder kämpferische Antwort für angebracht. Brian Keenan, Terry Waite und Sheila Cassidy sind Beispiele für Menschen, die sich in jüngster Vergangenheit in einer lebensbedrohenden Situation befanden. Ihre Antworten auf die entsetzlichen Qualen sind erhellend. Sie faßten sie mit dem Satz zusammen: „Du magst meinen Körper zerstören, doch meine Seele wirst du nicht zerstören." Sie widersetzten sich dem gegenwärtigen Unglück und ließen nicht zu, daß es sie überwältigte. Sie ließen nichts aus, die Angst in den Griff zu bekommen. Der eine schrieb die Geschehnisse und das Entsetzen, die ihm widerfuhren, in einem Buch nieder. Der andere stellte die Situationen in Bildern dar, und ein dritter ging zum Strand und schrie seinen Schmerz und seinen Kummer den Wellen entgegen. Alle versuchten, sich ganz der Situation zu stellen und den vorangegangen oder noch kommenden Ängsten sowie deren Ursachen auf die Spur zu kommen. Alle begriffen, daß es besser ist, die Angst zur Sprache zu bringen, als sie in sich hineinzufressen. Sie erkannten, daß man großen Kummer oder großes Leid entweder als Gabe oder als Drohung verstehen und daß man gerade in der Kraftlosigkeit, nicht in der Stärke, Christus finden kann.

Die Harfe

Schließen wir unsere Gedanken über Leiderfahrung mit der Geschichte von König Saul aus dem Alten Testament. König Saul war in einer Phase seines Lebens sehr niedergeschlagen. Auf Empfehlung seiner Berater entschloß er sich, ein Festessen zu geben, das ihn aufheitere. Um für dieses Fest die passende Musik zu finden, befahl er seinen Holzfällern, im königlichen Wald Eichen für eine besondere Harfe zu fällen. Andere Handwerker beauftragte er mit der Anfertigung von Saiten für die Harfe. Schließlich kam die Nacht des Festes.

Auf dem Höhepunkt der Feierlichkeit wurde die Harfe auf eine Bühne inmitten des Festsaales getragen. Als der Harfenspieler die erste Saite zupfte, kam es zur Katastrophe: Keinen Klang ließ das Instrument vernehmen. Die Sachkundigen des ganzen Hofes wurden zusammengerufen, um die Ursache herauszufinden, doch keiner konnte eine Erklärung liefern. Noch weniger brachten sie das Instrument zum Spielen. Schließlich schlug einer von ihnen vor, den jungen David in den Palast holen zu lassen, auf daß er Licht in diese Angelegenheit bringe.

Als David eintraf, setzte er sich und legte sein Ohr aufmerksam an die Harfensaiten. So harrte er einige Minuten aus, und dann – lockte er wunderschöne Klänge aus dem Instrument. Als König Saul David später bat, ihm das Geschehene zu erklären, antwortete ihm der Junge, daß er erst der Geschichte, die die Harfe ihm erzählte, zuhören mußte. Sie beschrieb ihm, wie sie von einer kleinen Eichel zu einem mächtigen Eichbaum im Wald heranwuchs, wie sie die Entbehrungen des harten Winters ertrug, wie sie gefällt wurde und wie die Saiten in der Weißglut der Schmiede temperiert wurden. Nur wenn man sie anhöre und sie den Schmerz ihrer Geburt und ihres Lebens enthülle, könne sie ihre Lebensaufgabe erfüllen und ihre Talente ausschöpfen.

Sollte es bei Menschen anders sein? Sollten wir nicht unserer eigenen Lebensgeschichte zuhören und erkennen, welche Rolle das Leid in ihr gespielt hat und spielt?

नेति नेति

20 Meditation vom verlorenen Sohn

Lukas 15,11–32

Nehmen Sie eine der Gebetshaltungen aus den vorangegangenen Übungen ein…

Ich bitte Sie, sich an die Geschichte vom verlorenen Sohn aus dem Lukasevangelium zu erinnern. Begeben Sie sich mitten in die Szene, als der Sohn nachts zum Gutshof seines Vaters zurückkehrt…

Stellen Sie sich die Feier lebhaft vor. Schauen Sie durch ein Fenster dem Fest zu. Sehen Sie den Sohn und den Vater, wie sie tanzen und dabei glücklich in die Hände klatschen…

Beobachten Sie ihre Freude, und bleiben Sie bei ihnen, bis die Feier langsam zu Ende geht…

Nachdem sich alle zurückgezogen haben, gehen Sie zu dem Zimmer des verlorenen Sohnes und klopfen an die Tür…

Er wird nicht schlafen. Seine Augen werden glänzen. Bitten Sie ihn, Ihnen seine Geschichte zu erzählen…

Warum hat er sein Zuhause verlassen? Welche Abenteuer hat er auf seinem Weg erlebt, und warum hat er sich entschlossen, nach Hause zurückzukehren?…

Wie hat er sich gefühlt, als er seinen Vater den Weg hinuntereilen sah, um ihm entgegenzukommen?…

Welche Gedanken tauchten in ihm auf, als er die Worte seines Vaters hörte, ihm das beste Gewand und den Ring zu bringen?...

Und was ist mit dem älteren Bruder? Wie kommen die beiden nun miteinander aus?...

नेति नेति

21 Atem-Mantra

Nehmen Sie den Satz „In Deine Hände, Herr, empfehle ich meinen Geist" als Mantra...

Sprechen Sie im Stillen beim Einatmen „In Deine Hände, Herr", und lassen Sie ihn in Ihren Atem einfließen...

Richten Sie beim Ausatmen Ihre ganze Aufmerksamkeit auf den Atem, der ausströmt, und verschmelzen Sie die zweite Hälfte des Mantras „empfehle ich meinen Geist" mit dem natürlichen Rhythmus des ausströmenden Atems...

Lassen Sie den Satz in Ihre andächtige Achtsamkeit sinken, so wie Wasser in ausgetrockneten und steinigen Boden sickert...

Nehmen Sie sich dafür etwa 15 Minuten Zeit...

नेति नेति

22 Meditation der Hände

Meditation kann – in einfachen Worten – als ein Prozeß beschrieben werden, meinen Körper, meine Gefühle und meinen Geist so zu entspannen, daß ich still in mich hineinhorchen kann...

Ich versuche zuerst, eine Körperhaltung zu finden, durch die ich mich innerlich gut sammeln kann und die mich aufmerksam hält...

Die Haltung sollte nur wenig Druckpunkte an meinem Körper bilden, aber auch nicht so entspannt sein, daß sie zum Schlaf neigt...

Ziel der Meditation ist es, mich mir selbst und meinem Gott gegenwärtig zu werden...

Wenn ich eine sitzende Haltung einnehme, wähle ich einen Stuhl mit gerader Rückenlehne und stelle die Fußsohlen flach auf den Boden...

Ich lege meine Hände mit den Handflächen nach oben in den Schoß...

Ich achte auf den Rhythmus des Atems, und weil das Atmen in Wechselwirkung zum körperlichen Wohlbefinden steht, versuche ich, langsam und regelmäßig zu atmen...

Wie ich bereits erwähnte, weiß unser Körper um unseren Seelenzustand; daher wird der Atem sprunghaft, angespannt, flach oder unregelmäßig, wenn ich mich überlastet und angespannt fühle.

Beginnen Sie nun die Gebetsübung:

Sehen Sie auf Ihre Hände, und stellen Sie sich vor, wie sie aussahen, als Sie Kind waren...

Erinnern Sie sich daran, was Sie damals vor allem brauchten...

und wie andere alles für Sie getan haben...

Rufen Sie sich in Erinnerung, wer Ihnen die meiste Zuwendung geschenkt hat...

Segnen Sie diese Menschen...

Erinnern Sie sich jetzt an ein Bild derer, die sich in schweren Zeiten um Sie gekümmert haben, und tragen Sie deren gute Absichten Gott vor...

Wenn Sie sich bereit fühlen, versuchen Sie, sich die Menschen vorzustellen, die künftig in schweren Zeiten, in Krankheit und im Alter für Sie sorgen werden, und geben Sie ihnen im voraus Ihren Segen...

Denken Sie nun an die, die Ihre helfenden, liebenden Hände bei verschiedenen Anlässen gebraucht haben...

Und an Menschen, die in schmerzlichen Augenblicken heute mit Ihnen rechnen, die auf Ihre guten Hände angewiesen sind, um gesegnet, getröstet und gehalten zu werden...

Denken Sie schließlich an Künftiges, und beten Sie für die Menschen, die auf Ihre guten Hände demnächst angewiesen sind...

Bitten Sie darum, daß den Händen, die Sie vor sich sehen, die Kraft gegeben sei, ihren Aufgaben gewachsen zu sein...

नेति नेति

8
Gewinn im Schmerz

Der Schmerz sitzt dort,
wo immer der Patient sagt,
daß es schmerzt.
EIN IRISCHER ARZT

Das Megaphon Gottes

Bevor ich mich hinsetzte, um das folgende niederzuschreiben, war ich im Krankenhaus, in das ich eine 15jährige mit einer Überdosis Tabletten gebracht hatte.

Das Mädchen hatte in den vergangenen sechs Monaten Schweres durchmachen müssen. Sowohl ihre Mutter als auch ihr Vater waren an einer tragischen Krankheit gestorben. Vor kurzem hatte das ganze Leid seinen Höhepunkt erreicht. Der Kummer und der Schmerz ihrer Einsamkeit waren ihr mehr und mehr bewußt, ja unerträglich geworden, und es schien ihr einfacher, eine Handvoll Tabletten zu nehmen, als einen Weg durch ihre Verzweiflung zu suchen. Denen, die mit ihr in Kontakt standen, sagte sie: „Ich kann mein Leben so nicht länger ertragen, auch Beten hilft mir nicht mehr, ich muß etwas tun, um die Qual zu lindern."

C. S. Lewis sagte es auf andere Weise: „Der Schmerz pocht darauf, daß man sich um ihn kümmert", und daß „Gott in unserer Freude zu uns flüstert, in unserem Bewußtsein zu uns spricht, aber in unserem Schmerz uns ruft; denn dies ist sein Megaphon, um eine taube Welt zu wecken".

Manches Leid, soll es eine Entwicklung in Gang setzen, muß gründlich durchlebt und be-griffen werden. Wie damals für Jesu Mutter geht es für uns darum, geduldig und achtsam zu sein mit den bitteren Erfahrungen im Leiden, es in unserem Herzen zu verankern, um herauszufinden, ob es uns zur vorgesehenen Zeit etwas sagen will. Es kann von Vorteil sein, nicht an den Schmerz zu rühren, bis die Zeit dazu reif scheint, damit der Versuch, ihn – wie auch immer – zu entfernen, nicht zusätzlichen Schaden verursacht. Denken Sie an das Gleichnis von dem Mann aus der Bibel, der den Teufel aus seinem Haus jagen wollte. Er fegte sein Haus von oben bis unten; doch anstatt den Teufel hinauszukehren, stellte er fest, daß er nicht ein einziges Problem aus dem Weg geräumt, sondern nur noch viele andere mehr zum Vorschein gebracht hatte. Dem einen Teufel gesellten sich sieben weitere hinzu, da der Mann Platz für sie geschaffen hatte.

Vielleicht kann ich, worum es hier geht, klarer beschreiben, wenn ich ein Beispiel aus meinem eigenen Leben erzähle. Ich fahre Motorrad, und kürzlich fand ich einen Nagel im Vorderrad. Da ich viele Meilen von der nächsten Werkstatt entfernt war, half nichts anders, als den Nagel zu lassen, wo er war; so würde er zumindest ein wenig Luft im Reifen halten. Hätte ich den Nagel gleich entfernt, wäre das Resultat noch unerfreulicher ausgefallen als mein ursprüngliches Problem, daß der Reifen ganz allmählich Luft verlor. Manchmal muß man den Schmerz an Ort und Stelle lassen, bis Zeit und Umstände eine wirkungsvolle Heilung erlauben.

Jene Menschen, die wir Heilige nennen, mußten nicht anders geduldig sein mit ihrem Leid. Manche erlebten es wie eine dürre „Wüste". Teresa von Ávila beispielsweise spricht oft davon und dankt für die Leiden, die sie in ihrem Leben ertragen mußte, und für die Fähigkeit, die sie in sich entdeckt hatte, aus einem Leiden Frucht zu ernten.

Schmerz kann in demselben Maß, wie er Aufmerksamkeit und Kraft erfordert, auch unter gewissen Bedingungen wie ein Geschenk erfahren werden. Schmerz oder Kummer können vor nachfolgenden Schwierigkeiten warnen oder aufmerksam machen für körperliche oder seelische Schwächen, auf die wir unsere Aufmerksamkeit richten sollten. Wie bei einer physischen Verletzung setzt die eigentliche Heilung nicht in dem Augenblick ein, wenn die beiden Wundränder zusammenwachsen. Entscheidender ist, wenn der Verwundete, der von Leid Heimgesuchte, erkennt, daß es jetzt im Grunde um eine (wesentliche) Veränderung in seinem Leben geht. Wenn ich hier von Schmerz oder Kummer spreche, meine ich damit jede Art von Leiden, Verwirrung, Entfremdung, Angst oder Zusammenbruch.

Man kann nicht selten beobachten, daß Menschen, die großes Leid durchlebt haben, tiefsinnige und fürsorgliche Menschen sind. Ihre dunklen Erfahrungen haben sie dem Licht nähergebracht. Eine neue Spiritualität scheint sie zu durchdringen, sie zu sensibleren Zuhörern, zu Menschen mit einem sehr empfindsamen Einfühlungsvermögen zu machen. Statt aufgrund eines Leids nur noch mehr um das eigene Leben zu kreisen, haben sie eine neue Aufmerksamkeit für andere gewonnen und für eine Kraft jenseits ihres eigenen Ich.

Leidenden zuhören

Eine solche Vertiefung des geistigen Lebens zeigt sich nicht unbedingt als plötzlicher emphatischer Ausbruch. Meist entwickelt sie sich schrittweise und kann so unmerklich vor sich gehen, daß viele Menschen sich dessen kaum bewußt sind. Dies zeigte sich mir bei einem Seminar, das ein Arzt leitete, der in Krankenhäusern mit Menschen arbeitet, die kurz vor dem Tod stehen. Er ist eine beeindruckende Persönlichkeit, und seine Beobachtungen über die Arbeit mit todkranken Menschen waren bewegend. Als ich ihn fragte, ob die Arbeit mit Todkranken, die ja auch bedeute, ihnen die Wahrheit über ihre Krankheit zu sagen und ihren Hilferufen zuzuhören, nicht enorm aufzehrend sei, antwortete er entschieden: „Nein, denn eigentlich kläre nicht ich die Menschen über ihren Zustand auf, sondern sie klären mich auf." Und er erzählte, daß er sich für Menschen, die ins Krankenhaus kommen, um ihre letzte Reise anzutreten, viel Zeit nehme. Er beginne das Gespräch mit der Bitte, ihm ihr eigenes Verständnis von ihrer Krankheit zu schildern, wobei er nur zuhöre. „Die Menschen leiten dich mit ihrer Antwort", sagte er, „und formulieren sie so, wie sie sie selber ertragen können. Wenn sie sagen, sie fühlten sich gut, nicke ich zustimmend und sage, daß mich das freut. Diese Menschen geben mir zu erkennen, daß sie noch nicht bereit sind, weitere beängstigendere Nachrichten aufzunehmen. Andere Patienten dagegen sagen ganz offen, daß sie nicht an einen guten Verlauf der Krankheit glauben. Diesen Menschen pflichte ich bei. Ich möchte sie nicht anlügen. Sie zeigen sich bereit für die Wahrheit. Sie stellen sich wirklich der Wahrheit."

Die Geschichte von Zorba

Wir alle müssen uns irgendwann einem Leid und einem tiefen Kummer in unserem Leben stellen, seien sie spiritueller, geistiger, psychischer, sozialer oder physischer Art. In solchen Augenblicken ist es schwer, sich daran zu erinnern, daß das Leiden, das wir erfahren, einen Sinn haben, ja guttun kann. Selten empfindet man es so in der Zeit der Herausforderung. Doch das Leiden kann uns etwas mitteilen, kann darauf hinweisen, daß etwas vollkommen verkehrt mit uns läuft und wir etwas dagegen tun sollten.

Anthony de Mello sah es so, daß bei unserer Schmerzarbeit die Wahl des richtigen Zeitpunktes entscheidend ist. Die Zeit und die Umstände müssen reif sein. Wenn wir jedoch nichts als abwarten, können die Folgen katastrophal sein. Wenn wir zu schnell etwas unternehmen, kann auch das ähnlich enden. Um dies zu veranschaulichen, erzählte de Mello eine Geschichte von Zorba dem Griechen.

Zorba erinnerte sich an einen Morgen, als er an einer Baumrinde einen Kokon entdeckte, in den ein Schmetterling gerade ein Loch gebohrt hatte, um auszuschlüpfen. Zorba wartete, dachte jedoch, daß der Schmetterling allzu langsam sei. Er wurde ungeduldig, beugte sich über den Kokon und hauchte ihn an, um ihn zu wärmen, und dann geschah ein Wunder. Die Hülle öffnete sich, und der zitternde Schmetterling versuchte, seine Flügel zu entfalten.

Zorba wollte wieder mit seinem Atem nachhelfen. Aber der Schmetterling durfte nur langsam ausschlüpfen, und das Entfalten der Flügel in der Sonne mußte schrittweise vor sich gehen. Jetzt war es aber schon zu spät. Zorbas Atem hatte den Schmetterling dazu gebracht, vor seiner Zeit zu schlüpfen. Er kämpfte verzweifelt ums Überleben, aber da er zu einem unnatürlichen Tempo gezwungen worden war, starb er in Zorbas Handfläche.

Als Zorba dieses Erlebnis später erzählte, sagte er, daß der kleine Schmetterling sehr schwer auf sein Gewissen drücke. Er spüre, daß es ein großer Fehler war, die Naturgesetze zu verletzen, und sagte: „Wir dürfen nicht hasten, wir dürfen nicht ungeduldig sein, sondern müssen uns vertrauensvoll dem ewigen Rhythmus fügen."

Wachstum, Reifung, Veränderungen müssen in ihrem natürlichen Tempo geschehen. Genauso ist es mit dem Schmerz. Manchem Schmerz muß sozusagen sein eigener Kurs gestattet werden, damit er Frucht tragen kann. Schmerz, Leid, Herausforderungen können alle späteren Ereignisse in unserem Leben färben und gewährleisten, daß alles künftige Geschehen das in ihm wohnende Potential mit sich bringt. So wie C. S. Lewis sagte: „Der Schmerz ist dann Teil des jetzigen Glücks."

„Ich habe sie am Ufer zurückgelassen"

Bestimmte Schmerz- oder Leidformen müssen ihren je eigenen Weg im Leben gehen, wenn sie uns nicht auf immer stören sollen. Um dies zu verdeutlichen, will ich Anthony de Mellos Geschichte von den zwei Mönchen erzählen, die von ihrem Kloster zu einer Wallfahrt aufbrachen. Gleich zu Beginn ihrer Wanderschaft kamen sie an einen Fluß mit Hochwasser, den man nur schwer überqueren konnte. Auf ihrer Flußseite stand eine wunderschön anzusehende Frau, die auch hinübergelangen wollte. Der erste Mönch würdigte sie keines Blickes, sondern stieg ins Wasser und kämpfte sich zum gegenüberliegenden Ufer vor. Der zweite Mönch, von anderem Schlag, steckte sein Mönchsgewand hoch und nahm die Frau auf seine Arme. Er trotzte der Strömung, riskierte sein Leben, und es gelang ihm, die Frau sicher auf die andere Flußseite zu bringen. Dort setzte er sie ab und schloß sich seinem Gefährten wieder an.

Die meiste Zeit des Tages marschierten sie schweigend nebeneinander her. Der erste Mönch machte ein Gesicht wie sieben Tage Regenwetter, der zweite Mönch dagegen, der die Frau durch den Fluß getragen hatte, war in blendender Stimmung. Als die beiden sich schließlich zum Abendessen niedersetzten, eröffnete der schlechtgelaunte Mönch seinem Gefährten, daß er nicht verstehe, wie man sich der Versuchung anheimgeben könne, eine solch attraktive junge Frau auf seine Schultern zu heben. Sein Gefährte antwortete schlicht: „Ich habe sie am Flußufer zurückgelassen." Genug gesagt. Dieser Mönch hatte getan, was er tun mußte, und setzte dann seine Wallfahrt fort. Der andere hatte den ganzen Tag lang das Bild, den Neid und die Enttäuschung mit sich herumgetragen.

Manche Leiden, die wir unnötigerweise durch unser Leben schleppen, nagen immer wieder an uns und zerstören unseren Geist. Reflexion, Gebet, eine einfache Bitte an Gott können bedeuten, daß wir feinfühligere Menschen werden, da wir durch Krankheit und Leid gegangen sind.

Wollte der Mann wirklich geheilt werden?

Anthony de Mello widmete sich immer wieder den Fragen um Schmerz, Krankheit und Heilung. Während seines ersten Exerzitienkurses in Irland und auch in seinem ersten Buch *Sadhana* führte er uns zu der biblischen Geschichte von dem Mann am Teich Siloah. Lassen Sie mich die Bibelszene kurz erzählen.

In der Nähe von Jerusalem gab es einen berühmten heiligen Ort, den Teich Siloah. Es war so etwas wie ein großes Wasserloch, das von Stufen umgeben war, auf denen sich die Pilger jeden Tag in der Hoffnung auf Genesung versammelten. Eine alte Überlieferung sagte, ein Engel Gottes komme bisweilen zu diesem Teich, schwinge einen Stab über das Wasser und versetze es in Bewegung. Der erste, dem es gelinge, ins aufgewühlte Wasser zu steigen, werde geheilt.

Die Bibel erzählt nun von einem Mann, der 38 Jahre lang sich jeden Tag am Teich einfand. Anthony de Mello fragte uns: „Glauben Sie, daß der kranke Mann wirklich geheilt werden wollte?" Ich war damals wohl der jüngste anwesende irische Jesuit – sicherlich war ich der naivste –, und ich erinnere mich noch, wie mißtrauisch ich bei dieser Frage reagierte. Wenn ich mich richtig erinnere, hob ich meine Hand und platzte mit meiner Antwort heraus: „Selbstverständlich wollte der Mann geheilt werden. Warum wäre er sonst 38 Jahre lang zu dem Teich gekommen?"

Anthony de Mello erwiderte mir lächelnd: „Wenn Sie so denken, dann wissen Sie nicht besonders viel vom menschlichen Wesen."

Dann bat er uns, uns diese Situation wirklich vorzustellen. Der kranke Mann war gelähmt, so daß er Freunde gehabt haben muß, die ihn jeden Tag zum Teich trugen. Vielleicht hatte er auch eine Frau, die ihm sein Mittagessen brachte. Aller Wahrscheinlichkeit nach brachten ihm die Gefährten vom Teich Siloah, die seine Geschichte kannten und die wußten, wie lange er schon zu diesem Teich kam, große Sympathie entgegen. Wenn er wirklich dazu entschlossen war, sich heilen zu lassen, hätte er sich selbstverständlich einen Platz nahe am See organisiert, um sicher zu gehen, einmal der erste zu sein.

Daraufhin bat uns Anthony de Mello, uns jenen Tag ganz lebhaft vorzustellen, an dem Jesus an diesen Ort kommen und dem Gelähmten seine Frage stellen würde: „Möchtest du geheilt werden?" Stellen Sie sich jetzt die Frage vor, die dem armen Mann ins Herz geschossen sein muß. Plötzlich dämmerte es ihm, was er aufgeben müßte, wenn er wirklich geheilt werden sollte. Seine Freunde würden ihn nicht länger hertragen und wieder holen. Seine Frau würde aufhören, ihm das Essen zu bringen, und ihn drängen, sich eine Arbeit zu suchen. Selbst seine besten Freunde würden ihn in einem neuen, vielleicht neidischen Licht betrachten. Ihre Erwartungen, was er im Leben erreichen solle, würden steigen. Wie Anthony de Mello selbst sagte: „Ich glaube, daß der Mann zweimal nachdenken mußte, bevor er der Heilung zustimmte. Er könnte sich auch einfach gegen seine Genesung entscheiden. Der Preis für seine Heilung war sehr hoch."

Ein grüner Zweig in deinem Herzen

Ein letzter Punkt noch, bevor wir die Frage nach der Bearbeitung von Leiden in unserem Leben hinter uns lassen. Vor einigen Jahren war ich eingeladen, in der Nacht des Ostersamstags an einem Gottesdienst in einem nordirischen Studienzentrum teilzunehmen. Ich erinnere mich, wie ich spät nachts an diesem heiligen Samstag in das College fuhr und einige Studenten traf, die die Nacht über wach bleiben wollten. Sie saßen im Kaffeezimmer. Die Ostermesse sollte um sechs Uhr am nächsten Morgen beginnen. Man hatte sich entschlossen, die festliche Liturgie in der Nähe an einem Berghang zu feiern.

Kurz bevor sie begann, schlüpften wir in unsere Regenkleidung und folgten dem Priester in die eiskalte Dunkelheit. Im Gänsemarsch stiegen wir den Weg bis zur Spitze hinauf. Als wir unser Ziel erreicht hatten, konnten wir gerade noch die Umrisse von Carlingford Lough unter uns erkennen; auf der Bergspitze selbst war die Silhouette eines großen, noch nicht entzündeten Feuerholzstapels sichtbar. Der Priester begann und lud uns ein, uns die Entbehrungen der Fastenzeit, die gerade hinter uns lag, in Erinnerung zu rufen. Seine Gedanken beendete er mit einem irischen Sprichwort, nahm eine brennende Fackel in die Hand und hielt sie an einen Ast des Holzstapels. Drei Dinge geschahen gleichzeitig: Das Feuer – Symbol österlicher Hoffnung – flammte hoch zum Himmel auf. Im selben Moment kroch der erste morgendliche Sonnenstrahl über den Nachthimmel, und in diesem Augenblick sang ein Vogel seinen ersten Ton des Tages. Das irische Sprichwort lautete: „Wenn du einen grünen Zweig in deinem Herzen während der Stunde der Finsternis am Leben erhältst, dann wird der Herr kommen und einen Vogel senden, der auf diesem Zweig bei Anbruch des neuen Tages singt."

Vielleicht können auch wir mit den leidvollen Momenten in unserem Leben geduldig sein, so daß Gott uns zu seiner Zeit den Vogel schickt, um für uns zu singen und solche Erfahrungen fruchtbar zu machen.

नेति नेति

23 Der Berghang

Thema ist herauszufinden, wie ich instinktiv, spontan auf Leiden reagiere. Bei dieser Übung handeln Sie nach eigenem Ermessen. Es kann zur Zeit für Sie unangebracht sein, über die schmerzlichen Erfahrungen in Ihrem Leben nachzudenken. Wenn es Ihnen sinnvoll erscheint, gehen Sie diesen Erinnerungen in Ihrem Leben nach, indem Sie das Vergangene in den Augenblick rufen.

Vorbereitende Übung
Schließen Sie die Augen, und werden Sie sich Ihres Atems bewußt...

Gehen Sie mit Ihrem Atem in die Stille...

Teilen Sie das, was Sie gerade in Ihrem Körper fühlen, in Zonen auf: Machen Sie es sich bequem, und wenn Sie eine besondere Spannung in irgendeinem Körperteil spüren, registrieren Sie sie nur, ohne sich bei ihr aufzuhalten...

Sobald Sie ein Gefühl dafür entwickelt haben, was Sie in Ihrem Körper wahrnehmen und was in Ihnen vor sich geht, tragen Sie diese Gefühle in Stille Gott vor, und bitten Sie ihn, Ihnen die Kraft der inneren Sammlung und Achtsamkeit zu geben...

Die Übung
Diese Meditation handelt von Unruhen und Sorgen in Ihrem Leben.

Stellen Sie sich vor: Sie befinden sich im fünften Stock eines Gebäudes und warten auf den Fahrstuhl...

Der Fahrstuhl kommt..., es ist ein besonderer Fahrstuhl. Er bringt Sie nicht zur Grundfläche des Gebäudes, sondern zur Grundfläche Ihres allerinnersten Selbst...

Sie betreten den Fahrstuhl im fünften Stockwerk...

Die Türen schließen sich, und Sie fahren nach unten...

Während Sie vom fünften Stock hinabfahren, sind Sie gespannt, was geschehen wird, denn Sie waren nie zuvor an dieser Stelle...

Sie fahren in den vierten Stock hinab, und Sie sind von einem geheimnisvollen Gefühl durchdrungen, weil Sie nicht sicher sind, was Sie erwartet...

Jetzt fahren Sie zum dritten Stock hinunter, und Ihre Unruhe wächst, denn Sie ahnen, was Sie finden werden...

Dann fahren Sie in den zweiten Stock, und die Stille nimmt zu...

Der Fahrstuhl erreicht das Erdgeschoß, und die Tür des Fahrstuhls öffnet sich...

Sie treten hinaus, und das, was Sie sehen, erstaunt Sie...

Sie stehen auf einem Berg, und Sie wissen, daß Sie hierher gekommen sind, um eine Pause einzulegen und um zu erspüren, was in Ihnen vor sich geht...

Sie werden diese Nacht draußen zelten. Es ist eine warme Sommernacht, und Sie sind ganz allein; denn Ihre Begleiter, die mit Ihnen zelten wollten, haben sich anders entschieden. Sie glaubten, ein Sturm zöge auf, und entschlossen sich deshalb, in einer nahegelegenen, verlassenen Hütte zu übernachten. Doch Sie wollen draußen bleiben...

Bauen Sie Ihr Zelt auf...

Legen Sie sich in Ihren Schlafsack, und schauen Sie hinaus: über das Tal hinweg, auf die Lichter einer entfernten Stadt...

Es ist ein friedlicher Anblick...

Sie werden bald darauf müde und schlafen ein...

Plötzlich schrecken Sie aus dem Schlaf hoch. Blitz und Donner sind überall...

Seltsam: Sie ängstigen sich nicht. Sie wissen sich von Gott beschützt...

Sie denken an das vergangene Jahr zurück und überlegen, was Sie über sich selbst durch das Zusammenleben mit Ihrer Familie oder Gemeinschaft gelernt haben…

Sie fragen sich:

- Was hat mich während der letzten Monate herausgefordert?…
- Was habe ich von meiner Familie oder Gemeinschaft über mich erfahren?…
- Habe ich in mir eine blinde Stelle entdeckt?…
- Was habe ich der Gemeinschaft oder meiner Familie geben können?…
  Was gab mir Lebenskraft und Sinn?…
- Was hat mich während der letzten Monate abstumpfen lassen?…
- Was waren Tiefpunkte?…
- Was waren Höhepunkte?…
- Was habe ich nicht lösen können?…
- Was möchte ich anders machen?…
- Worüber freue ich mich, so gehandelt, mich so entschieden zu haben?…

नेति नेति

24 Petrus im Gefängnis

Apostelgeschichte 16,6

Lesen Sie zuerst diese Bibelstelle…

Besuchen Sie nun Petrus in seiner Zelle…

Sie sind bei ihm, als er auf seine Berufung zurückblickt. Denken Sie gemeinsam mit ihm darüber nach, wie das Leben für ihn verlaufen wäre, wenn er dem Ruf Christi nicht nachgekommen wäre, seinem Weg zu folgen…

Blicken Sie jetzt auf Ihr eigenes Leben zurück:

- Was war meine Berufung?…
- Bin ich ihr gefolgt?…
- Wohin hat sie mich gebracht?…

- Bin ich glücklich über meine Antwort?...
- Muß ich jetzt irgend etwas tun, um meine Berufung besser zu erfüllen?...
- Was hat mich beeinflußt, ihr nicht oder nur gelegentlich zu folgen?...
- Sind es gesellschaftliche Stellung, Geld, Bequemlichkeit, eine Arbeitsstelle oder Anerkennung durch andere?...

Enden Sie, indem Sie Gott für Ihre Berufung danken...

नेति नेति

25 *Erinnerungen heilen*

Schlachtfelder erneut besuchen

Stoßen Sie ein paar tiefe Seufzer aus, Seufzer der Erleichterung...

Richten Sie Ihre Aufmerksamkeit auf den natürlichen Rhythmus Ihres Atems..., ein... und aus...

Spüren Sie Ihren Körper, wie er sich entspannt, während Sie ein- und ausatmen...

Spüren Sie bei jedem Ausatem, wie Sie ein bißchen mehr loslassen können...

Nehmen Sie bei jedem Einatem das Gefühl von Wärme, Behaglichkeit, Ruhe und Frieden wahr, das in Ihnen wächst...

Gehen Sie jetzt zurück zur Fundgrube Ihrer Erinnerungen: Erinnern Sie sich an einen friedlichen, magischen Ort Ihrer Kindheit, an einen geheimen Ort, genau so, wie Sie ihn erlebt haben oder wie Sie sich ihn gewünscht hätten...

Ob es ihn in Wirklichkeit gegeben hat oder nicht: Sie haben die Kraft, ihn in diesem Augenblick zu erschaffen und ihm in Ihrer Imagination einen Platz zu geben...

Gehen Sie jetzt in Ihrer Erinnerung zurück und stellen sich vor, Sie seien wieder Kind...

Dies ist der göttliche Kern Ihres Wesens...

Betrachten Sie genau Ihr Kind-Sein...

Schauen Sie: Wie alt sind Sie?...

Wie sehen Sie aus?...

Sind Sie glücklich?...

Sehen Sie in dieses schöne Kind hinein...

Es kann lange Zeit her sein, seit sich das Kind von Ihnen auf diese Weise beachtet und geliebt gefühlt hat...

Erinnern Sie sich an Erlebnisse, als es Ihnen nicht gelungen ist, dieses Kind zu lieben und zu bejahen...

Sehen Sie das Kind an, und lassen Sie das Kind wissen, daß Sie seine Schönheit sehen...

Bitten Sie es um Vergebung für die Zeiten, in denen es Ihnen nicht gelungen ist, seine Schönheit und Lebendigkeit zu bemerken und freundlich und liebevoll mit ihm zu sein...

Es kann eine lange Zeit her sein, als Sie dieses Ihr inneres Kind bemerkt oder über es nachgedacht haben, und es mag viel zu erzählen geben – die Ereignisse eines ganzen Lebens: die Freuden, die Leiden, die Erfahrungen, die Sie auf Ihrem Weg zur Weisheit gewonnen haben...

Es können Erfahrungen sein, die Ihr Herz noch belasten...

Lassen Sie nun Ihr inneres Kind Ihnen von solchen Ereignissen in Worten, Bildern, Gefühlen oder was auch immer erzählen...

Hören Sie einfach nur zu, und seien Sie für Ihr Kind, für sich selbst da, ohne zu urteilen...

Sorgen Sie sich nicht darum, was es erlebt hat, was es getan oder nicht getan hat...

Lassen Sie sich jetzt von Ihrem Kind an die Hand nehmen und sich über eine sonnige Wiese führen...

In aller Unschuld möchte Ihnen das Kind die Schönheit der Sonne, den sanften Windhauch auf Ihrem Gesicht zeigen...

Es möchte Sie zu einem geheimen Ort führen, wo ein geheimes Geschenk auf Sie wartet...

Ein Geschenk, das Ihnen auf Ihrem Weg durch diese Lebenszeit helfen wird...

Sie kommen jetzt an diesen geheimen Ort...

Hier sehen Sie eine Schatztruhe...

Sie öffnen sie...

Ist ein Geschenk für Sie darin?...

Was ist es?...

Fragen Sie Ihr Kind danach..., seine Antwort kann mehr Weisheit enthalten...

Danken Sie jetzt diesem Kind, diesem ewigen, göttlichen Kind, das für immer in Ihnen wohnt...

Erkennen Sie tief in Ihrem Herzen, daß das Kind Sie nie verlassen wird, da Sie es nie verlassen können...

Und wenn Sie fürchten, Ihr inneres Kind zu vergessen, machen Sie einen geistigen Schnappschuß von dieser Szene, die Sie immer wieder lebendig werden lassen können, wann immer Sie sie brauchen...

Bringen Sie diese Meditation zu Ende, indem Sie an den Ort zurückkehren, wo Sie sich befinden, hier und jetzt...

Nehmen Sie sich Zeit, und genießen Sie das Gefühl, in Gemeinschaft zu sein...

Öffnen Sie zu einer Ihnen angenehmen Zeit die Augen.

नेति नेति

9
Junge Menschen und die Kirche

Die Hölle ist wie ein Leben
ohne Wunder.
BRENDAN KENNELLY

Das Salz hat seine Würze verloren

Der Metropolit Bloom, Oberhaupt der Russisch-orthodoxen Kirche in England, erzählte eine schöne Geschichte über seine ersten Tage als Gemeindepriester. An seinem ersten Weihnachtsfest in einer Londoner Gemeinde kam eine kleine alte Dame zu ihm und bat ihn um seinen Rat über das Beten. Da er selbst noch unerfahren und schüchtern war, schlug Bloom der alten Frau vor, mit einem älteren und erfahreneren Priester zu sprechen, der in der Nähe wohne und von dem man sage, er sei ein Fachmann auf diesem Gebiet. Die alte Dame erwiderte jedoch: „Ich habe bereits oft ausführliche Gespräche mit Menschen geführt, die angeblich Erfahrung mit dem Beten haben, aber sie konnten mir keine passende Antwort auf meine Fragen geben. Deswegen dachte ich, daß Sie als noch recht Unerfahrener mir etwas Nützliches aus dem Bauch heraus sagen und mir den richtigen Weg zeigen könnten." Der junge Priester fragte die alte Frau, was denn genau ihr Problem mit dem Beten sei. Sie antwortete ihm, daß sie 14 Jahre lang beinahe ständig gebetet habe, sich aber Gott nicht näher fühle als am Anfang. Bloom riet ihr am Schluß des Gesprächs, für eine Weile das Beten zu unterbrechen und statt dessen zu versuchen, aufmerksam in sich hineinzuhorchen. Darüber werde Gott so überrascht sein und sicher Verständnis für sie zeigen.

Schwester Wendy, die durch ihre Fernsehsendung über die Schönheit der Kunst bekannt wurde, erzählt eine recht ähnliche Geschichte in ihrem hervorragenden Buch *Simple Prayer*. Sie beschreibt, wie ein bekannter Jesuit bei einer Predigt in der Kathedrale St. Patrick, New York, auf die Frage, warum er dem Gebet soviel Bedeutung beimesse, antwortete: „Weil das Gebet die einfachste Lösung ist." Schwester Wendy fügte hinzu: „Ich hoffe, daß der Jesuit wußte, wovon er sprach; denn so manche sprechen viel über das Beten, ohne wirklich von ihm durchdrungen zu sein."

Ich erzähle diese beiden Geschichten, weil mir scheint, daß heutzutage viele – nicht nur junge – Menschen einen Sinn in ihrem Leben suchen. Das Modell von Kirche, das ihnen jedoch angeboten wird, ist allenfalls lau und schlimmstenfalls bedeutungslos für sie. Das Salz hat seine Würze verloren. Das lebendige Wasser ist abgestanden und stillt nicht länger ihren Durst. Viele ältere Christen sind sich darüber im klaren oder haben zumindest ein vages Gefühl, daß etwas schiefgelaufen sein muß; doch trotz bester Absichten stehen sie ratlos da, wenn sie Jüngeren praktische Orientierung geben sollen. Sie wissen nicht, wenn überhaupt – wie sie helfen sollen. Sie spüren, daß das Feuer des Glaubens, mit dem sie vielleicht noch aufgewachsen sind, nicht mehr leuchtend brennt. Nur ein wenig schwach glühende Glut hat überlebt.

Das häßliche Entlein

Das Märchen vom häßlichen Entlein von Hans Christian Andersen, das Sie sicherlich kennen, kommt mir in den Sinn. Auf einem Hof brütete eine Ente ihre Eier aus. Als die Küken schlüpften, entdeckte man sofort, daß eines dieser neuen Familie bedeutend größer war als die anderen. Dieses Entlein aber besaß nicht die goldenen Federn der anderen, sondern sah ziemlich schmutzig aus und war von grauer Farbe. Außerdem bewegte es sich ungeschickt und wirkte unförmig. So wurde es zum Gespött des Hofes, die anderen Tiere lachten es aus und machten über das häßliche Entlein ihre Witze. Sein Leben erschien dem häßlichen Entlein dann so unerträglich, daß es einfach davonrannte.

Es kam zu einem See, von einem Wald umgeben; aber auch die Wildenten wollten nichts mit ihm zu tun haben. Monate vergingen, und das seltsame Entlein wuchs und schämte sich seiner immer mehr. Der Winter kam, und da sah es eines Tages drei große, wunderschöne weiße Schwäne über den See und den Wald fliegen. Das Entlein bewunderte ihre Schönheit und ihren kraftvollen Flug und dachte bei sich: „Wenn ich nur wäre wie sie."

Der Frühling kam. Das Eis auf dem See schmolz. Wieder sah es die drei Schwäne über ihn dahinfliegen, doch diesmal landeten sie auf dem See. Unser Entlein versuchte, sich zu verstecken; denn es fürchtete das Gespött dieser herrlichen Tiere. Doch nach einer Weile bemerkten sie es und riefen ihm zu, zu ihnen zu schwimmen. „Ich kann nicht; denn ich bin ein häßliches Entlein. Ihr würdet mir aber einen Gefallen tun, wenn ihr mich tötet und mich von meinem Elend befreit", antwortete es. Sie jedoch sagten: „Schau doch dein Spiegelbild im Wasser an. Du bist wunderschön, du bist einer von uns. Du bist ein Schwan und kannst mit uns hoch hinaus fliegen." Sein Herz lief vor Freude über, er flog zu ihnen hinüber und gesellte sich zu seiner richtigen Familie. – Irgend jemand hatte wohl ein Schwanenei in das Nest der Entenmutter gelegt.

Wie kann man Menschen ein gesundes, natürliches Selbstwertgefühl nahebringen? Die Bibel erzählt immer wieder davon, wie Jesus Menschen von ihren Knien hochhob und ihnen ein Gefühl für ihre Schönheit und ihren Wert gab. Doch ein solches Gefühl wird oft nur sehr langsam im vielfach banalen Alltag zu einem inneren Wissen, tritt nur mühsam und erst unsicher aus dem trägen Fluß des gewöhnlichen Lebens heraus, bis es die Freiheit, Kind Gottes zu sein, schon immer gewesen zu sein und immer zu bleiben, atmet. Oft lassen wir unser Selbstwertgefühl nur durch das Urteil anderer Menschen, mit denen wir zu tun haben, bestimmen, und das heißt oft genug niederdrücken.

„Gehen und tun, wohin und was ich will?"

Man erzählt, daß Abraham Lincoln, der erste Präsident der USA, vor der Abschaffung der Sklaverei einen Sklavenmarkt besuchte und beobachtete, wie eine junge schwarze Frau versteigert werden sollte. Obwohl seine ablehnende Meinung über die Sklavenhaltung allgemein bekannt war, bot Lincoln zum großen Erstaunen der Anwesenden mit. Es gelang ihm, die anderen Teilnehmer der Auktion zu überbieten, und so wurde er Besitzer der Sklavin. Er bezahlte den geforderten Preis und erhielt die Sklavenpapiere. Dann geschah das Unerwartete. Lincoln ging auf die Frau zu und drückte ihr die Eigentumspapiere in die Hand. „Nehmen Sie sie. Jetzt sind Sie frei", sagte er zu ihr. Als die Frau die Papiere entgegennahm, die ihr die Freiheit garantierten, wurde ihr langsam klar, was dieser Fremde gerade getan hatte. Sie sah Abraham Lincoln an und fragte: „Heißt das, ich kann gehen und tun, wohin und was ich will?" „Ja", antwortete Lincoln. „Dann, Herr", sagte die Frau, „möchte ich mit Ihnen gehen und Ihnen bis an mein Lebensende dienen."

Folgende Frage schießt mir durch den Kopf: Wer kann heute den Menschen das sichere Gefühl, die Gewißheit geben, daß sie durch das Lebenswerk Christi befreit sind, und ihnen zutiefst ein-sichtig machen, daß sie freie Menschen sind?

Viele Eltern und Geistliche, denen ich begegne, möchten jungen Menschen gern dieses Glaubenswissen vermitteln, aber sie fühlen sich der Aufgabe nicht gewachsen.

Der Flug der Gänse

Ich fand jene Frage durch folgendes Erlebnis andeutungsweise beantwortet: Ich beobachtete einen Schwarm Gänse, die von Island her zur irischen Küste flogen. Jemand erklärte mir, wie diese Gänse ihre Reise organisieren. Der Schwarm könne sein Ziel nur erreichen, wenn die einzelnen Gänse bei ihrem Flug einander helfen. Der Schwarm fliegt immer in einer typischen V-Form. Hält jeder Vogel seine instinktsichere Position in der V-Form ein, entsteht dadurch ein Auftrieb. Er hilft jedem Vogel im Schwarm, auf dem weiten Weg leichter vorwärtszukommen. Schert ein Vogel aus der Formation aus, spüren die anderen augenblicklich den zusätzlichen Luftwiderstand und die höhere Anstrengung beim Fliegen.

Der kräftigste Vogel nimmt immer die Führungsposition ein, solange er kann, und wenn er die Geschwindigkeit der Gruppe nicht mehr halten kann, reiht er sich am Ende der Formation ein und stößt von seiner hinteren Position aus weiter seine Schreie aus, um die vorderen anzufeuern.

Wird ein Vogel schwach, löst er sich aus der Gruppe, um die anderen nicht zu behindern. Doch dann bleiben zwei Vögel bei ihm, um ihm Schutz zu geben. Wenn der schwache Vogel seine Kräfte wiedererlangt hat, fliegen die drei gemeinsam weiter und versuchen, die Hauptgruppe einzuholen. Alle wissen, daß Stärkere dem Schwächeren beistehen.

Vielleicht sind, um es in einen Glaubensbegriff zu fassen, einige junge Menschen – aufgrund des gemeinsamen Grundverständnisses unter Gleichaltrigen – die eigentlichen Vermittler des Glaubens ihrer Generation. Sicherlich realisieren nicht wenige von ihnen, daß das, was die heutige Welt ihnen als Brot bietet, sie letztlich nicht sättigt.

In den letzten Jahren fühlen sich andererseits manche ältere Christen ratlos, wenn nicht gar verbittert gegenüber jungen Menschen, vielleicht besonders gegenüber den eigenen Kindern, die – aus Mangel an einer glaubwürdigen, überzeugenden, alternativen Perspektive – die Werte der modernen Kultur und Zivilisation für sich adoptieren. „Warum erkennen sie nicht, wie oberflächlich das alles ist?" Oder: „War denn alles falsch, was wir gelebt und woran wir geglaubt haben?" Die Kirche heutzutage ist – um es einmal säkular auszudrücken – eine der wenigen Organisationen, die ihren Kunden Vorwürfe macht, den Wert der angebotenen Produkte nicht zu erkennen. Viele Jüngere suchen und kämpfen für einen Lebensraum und eine Lebensqualität, weitab von Lärm und Geschäftigkeit, wo sie in ihrem Leben einen zentralen Punkt absoluter Stille einrichten können. So wie ein Wagenrad, das nicht richtig ausbalanciert ist, das Gefährt aus dem Gleichgewicht oder ins ruhelose Vibrieren bringt, so spüren vor allem die Jüngeren, wie ihr Leben – ohne lebensunmittelbaren Sinn – schließlich ins Nirgendwo führt und leer wird. Sie haben irgendwie eine Ahnung von der durchaus tief religiösen Grundwahrheit, daß die Gewißheit, geliebt zu werden, einen überlebenswichtigen, großen Teil ihres Selbstwertgefühles ausmacht.

„Der Glaube ist das Lächeln, das die Liebe ersinnt"

Der Schweizer Theologe Hans Urs von Balthasar – er war Dogmatikprofessor und Kardinal – sagte: „Wenn du den Glauben verstehen willst, laß einen Moment verstreichen und denke über etwas nach, das dir im Alter von zwei Monaten geschehen ist. Damals wurden wir geliebt. Wir wußten, wir werden geliebt, und geliebt werden war das, was wir brauchten, um uns auf den Weg ins Leben zu begeben." Von Balthasar war sich dessen sicher: „Der Glaube ist das Lächeln, das die Liebe ersinnt. Um dieses Lächeln wiederzufinden und wiederzuerkennen, braucht es Zeit und Stille. Der Impuls, der uns auf dieses Ur-Lächeln des Seins, Gottes, des Lebens losgehen läßt, kann der Wunsch nach Ruhe, nach Stille sein, den man verspürt und was ich eine ‚Wüsten-Erfahrung' nenne."

Wüsten-Erfahrung

Was meint diese „Wüsten-Erfahrung"? Wie können wir uns für sie öffnen? Anthony de Mello erzählte eine verblüffende Geschichte von einem niederländischen Priester, der seinen Bischof besuchen wollte. Als er beim Haus des Bischofs ankam, sagte man ihm, der Bischof habe sein Haus für einen neuntägigen „Exerzitienkurs" verlassen, und fügte hinzu: Er habe sich diese Zeit genommen, um „unter dem Himmel" zu leben.

Das war so: Der Bischof grub in einer Einöde mit seinen Händen ein Loch in den Sand und legte sich hinein, um sich vor dem Wind zu schützen. So verbrachte er diese Zeit, war den Elementen und Gott ausgesetzt und wußte, daß er durch die Einsamkeit der Wüste Gott von Angesicht zu Angesicht gegenüberstehe.

Anthony de Mello beschwörte am Ende seine Zuhörer: „Scheitert nicht an der Wüste! Die Wüste besitzt eine enorme Anziehungskraft. Sie saugt die Menschen durch ihre Stille auf und reinigt sie." Manch einer stellt allerdings den Sinn solcher Wüstentage in Frage und bezweifelt schlußendlich auch den Wert und ihre Bedeutung, sich für das Gebet Zeit auszusparen. Das genau ist der springende Punkt des Irrtums, wenn wir die tiefe Bedeutung und den Lebensnutzen, sich Zeit auszusparen, verkennen. Wir verbringen lieber Stunden oder Monate, wenn nicht Jahre damit, unser Wissen zu vervielfachen, Fertigkeiten anzuhäufen, Tüchtigkeiten zu erwerben. Ja, wer sieht dies nicht als vollkommen normal und wichtig an? Wer sagt, er nehme sich Zeit, den inneren Geist zu schulen, erntet meist Unverständnis, wenn nicht spöttelnde Bemerkungen und Rückzug?

Es ist so leicht zu vergessen, daß es in uns eine Dimension gibt – die spirituelle –, die genauso wie unser materielles oder intellektuelles Bedürfnis nach Aufmerksamkeit verlangt. Diese Dimension wahrzunehmen und bei ihr zu verweilen kann jedoch schmerzvoll sein – ähnlich oder vergleichbar der Erfahrung eines Wiedersehens, wenn man sein eigenes Kind oder einen ganz wichtigen Menschen zwanzig oder dreißig Jahre nicht gesehen hat: Es ist ein Moment zwischen einem Urvertrauen und schmerzlichem Befremden und braucht einen Weg, sich neu zu finden.

Wüstenzeiten haben sozusagen eine unangenehme Angewohnheit: Sie lassen Bereiche unseres Lebens lebendig werden, denen wir zunächst unsicher, ungern, befremdet gegenüberstehen. Sie erschließen uns aber auch den Atem-Raum, den wir brauchen, um innerlich zu uns selbst zu finden, uns und unserem Leben Richtung und Sinn zu zeigen. Richtung und Sinn aus Wüstenzeiten weisen nach innen, nicht nach außen, und ersteres ist uns oft weitaus weniger vertraut als letzteres.

Wenn wir nach Glück suchen, unser Wohl und unsere Erfüllung in irgend etwas außerhalb unserer selbst plazieren, werden wir letztlich – eher oder später – immer enttäuscht. Wenn wir unser Glück nur in den Menschen, in Beziehungen, in Geld, Erfolg oder Anerkennung suchen, machen wir – eher oder später – die Erfahrung, daß dies Werte sind, die irgendwann an Reiz und letzter Gültigkeit verlieren, wenn es sonst nichts gibt für uns. Ich denke an Augustinus, der auf der Suche nach seinem Lebensglück aus den Dingen der Schöpfung vernahm: „Wir sind nicht der Gott, den du suchst. Gott ist der, der uns schuf. Du mußt jenseits von uns suchen", oder wie Dag Hammarskjöld, der erste Generalsekretär der Vereinten Nationen (UN), sagte: „Es fällt uns nicht schwer, den Weltraum zu erforschen; aber es fällt uns schwer, den inneren Lebensraum zu entdecken."

Der innere Lebensraum

Entdecken wir den inneren Lebensraum! Das ist freilich nicht so einfach, macht auch Mühe, braucht Zeit und Entscheidungen; aber letztendlich wird alle Mühe sich lohnen, weil wir in Räume kommen, die unser Ursprung und Wesen sind, in denen wir zu Hause sind. Diese Räume, die Innenseite des Lebens, geben uns ein Gefühl von Sinn und Unerschöpflichkeit, von Sinn, der unserem Leben eine endlos tiefe Bedeutung gibt, von Sinn, der uns inspiriert, begeistert und anspornt, uns nach vorne zu bewegen in Räume von Licht und Liebe göttlicher Natur.

Menschen finden diese Sinn gebenden, diese nicht – wie gewohnt – greifbaren Innenräume auf vielen Wegen: in der Liebe ihrer Kinder und zu ihren Kindern oder im selbstlosen Dienst an anderen oder im Schaffen von Einzigartigem, Schönem, gleichsam Unverkäuflichem (was nach den Maßstäben des Säkularen „nichts bringt", aber nach den Maßstäben unseres göttlichen Ursprungs und Wesens alles bedeutet).

Vor kurzem sprach ich mit jungen Leuten darüber, worin sie für sich die Bedeutung und den Sinn im Leben sehen. Ihre Antworten waren aufschlußreich. Selten verwiesen sie direkt auf Gott. Trotzdem ahnten viele der Befragten Gott in der Schönheit der Natur, im Anblick von Natur, Sonnenuntergängen, Blumen, Babys, Tieren, in einem einsamen Spaziergang oder einer guten Freundschaft. Einige zitierten Brendan Behans, den bekannten irischen Dramatiker, und sagten, daß sie sich wie „Nacht"-Christen fühlten – weil sie nur im Dunklen beten würden. Die von ihnen genannten Orte der Stille – inklusive Wüste – sind es, wo sie die Gegenwart Gottes in ihrem Leben spüren.

Spuren auf unserem Weg

Es gibt noch einen anderen Ort, den ein afrikanisches Märchen sehr treffend beschreibt.

Zwei Brüder wollten in einem fernen Land ihr Glück suchen und baten ihren Vater vor ihrer Abreise um seinen Segen. Dieser segnete sie und legte ihnen nahe, ihren Weg zu kennzeichnen, damit sie sich auf dem Heimweg nicht verirrten. Der ältere Bruder ging los und markierte von Zeit zu Zeit die Bäume, Wege und Zäune am Wegesrand. Der Jüngere schlug eine andere Richtung ein, kehrte in viele Häuser entlang seines Weges ein und befreundete sich mit den Kindern und Familien, denen er begegnete.

Schließlich kehrten die beiden Brüder wieder nach Hause zurück, wo sie ihr Vater herzlich begrüßte. Dann wollte er die Markierungen auf ihrem Weg sehen. Zunächst zog der Ältere mit seinem Vater los und zeigte ihm alle Arten von Kennzeichen, die er an seinen Wegen angebracht hatte. Die beiden aßen unterwegs lange Zeit nichts und kehrten am Ende mit leeren Händen nach Hause zurück.

Als der Vater mit seinem zweitgeborenen Sohn aufbrach, wurden sie von all den Menschen, mit denen er Bekanntschaft oder Freundschaft geschlossen hatte, in ihren Häusern herzlich willkommen geheißen. Überall, wo sie anhielten, wurden sie als besondere Gäste aufgenommen. Sie waren glücklich, kehrten wieder heim und brachten viele Geschenke nach Hause.

Der Vater rief am nächsten Tag seine beiden Söhne und sagte: „Meine lieben Söhne, ich habe die Arbeit gesehen, die ihr verrichtet habt. Ich werde eine Hochzeit halten lassen für den, der es besser gemacht hat." Er wandte sich an den Erstgeborenen und sagte: „Mein Sohn, ich glaube, du bist töricht. Du kümmerst dich nicht um die Menschen. Du hast kein wertvolles Zeichen hinterlassen." Zum Jüngeren sagte er: „Du hast gute und bleibende Zeichen gesetzt, wohin du auch gegangen bist."

Jungen Menschen kann man ein Gefühl für Gott wohl nur durch das Beispiel von Menschen, auch gleichaltrigen, geben, denen sie auf ihrem Weg begegnen. Vielleicht stimmen Sie dem zu, was D. H. Lawrence sagte: „Menschen haben kleine Bedürfnisse, und sie haben tiefergehende Bedürfnisse." Viele Menschen haben den Fehler begangen, nur für ihre kleinen Bedürfnisse zu leben. Sie haben das Gefühl für die tieferen fast verloren.

Das Vorbild von Literaten kann Wege weisen. Saul Bellow stellt in seinem Buch *Henderson, the Rain King* den Lesern die Gestalt Henderson vor Augen. In ihm ruft unablässig eine innere Stimme: „Ich will, ich will", doch diese Stimme verrät ihm nie, was ihr Wunsch ist. Augustinus weiß, was der Wunsch sein könnte: „Du hast uns für dich geschaffen, Gott, und unser Herz ist ruhelos, bis es Ruhe findet in dir." Christus gab die erschöpfendste Antwort: „Wer an mich glaubt, hat das ewige Leben" (Johannes 3,36).

नेति नेति

26 Zufriedenheit im Leben

Nehmen Sie eine Sitzhaltung ein, die Kopf und Rücken aufrecht hält...

Die Augen sollten geschlossen oder halb geschlossen sein. Wenn sie halb geschlossen sind, sollten Sie einen bestimmten Gegenstand fixieren, beispielsweise die Flamme einer Kerze...

Die Hände liegen ineinander gelegt im Schoß...

(Manche Menschen meditieren gern beim Gehen. Es kann jedoch für andere eher mühsam sein, dabei zur tiefen Stille und Konzentration zu finden – ich selber meditiere gerne auf diese Art.)

Konzentrieren Sie sich zunächst auf Ihren Atem – das beruhigt den Körper und hilft Ihnen, sich zu konzentrieren – auch unterstützt er die innere Kraft...

Nehmen Sie nur so viel Luft, wie es Ihnen angenehm ist, in Ihren Körper auf, und atmen Sie sie langsam wieder aus...

Atmen Sie langsam und tief mit leicht geöffnetem Mund: Atmen Sie durch die Nase ein und durch den Mund aus...

Zählen Sie die Atemzüge bis zehn und wieder von vorn, und konzentrieren Sie sich nur darauf...

Stellen Sie sich nun ihren Geist als einen Teich vor, dessen Oberfläche bei Windstößen des Ärgers oder der Sehnsucht aufgewühlt wird und die Sonne nicht mehr reflektieren kann...

Beginnen Sie mit der Meditation: Erinnern Sie sich an Menschen aus Ihrem Bekannten- und Freundeskreis, die nur wenig besitzen und trotzdem glücklich sind...

Fragen Sie sich: Was macht sie glücklich?...

Denken Sie nun an Menschen, die immer unglücklich sind, obwohl sie so vieles ihr eigen nennen...

Sie können gesund, wohlhabend sein und ihre Freiheiten haben – was mag ihre Unzufriedenheit ausmachen?...

Hören Sie ihren Klagen zu...

Erinnern Sie sich an Ereignisse in Ihrem Leben, die Sie hätten glücklich machen können, es aber nicht vermocht haben...

Versuchen Sie nun, dankbar für das zu sein, was Sie heute getan und erlebt haben...

Es ist nicht unmöglich, dankbar und zugleich unglücklich zu sein.

नेति नेति

27 Maria Magdalena im Garten

Johannes 20,11–18

Kommen Sie auf eine Ihnen vertraute Weise zur Stille…

Werden Sie sich aus dem Empfinden der Stille heraus aller Geräusche außerhalb des Raumes bewußt…

Richten Sie Ihre Aufmerksamkeit dann auf die Geräusche, die Sie innerhalb dieses Raumes hören…

Wenden Sie Ihre Aufmerksamkeit schließlich weiter nach innen und versuchen Sie, die Geräusche in Ihnen selbst zu vernehmen: Vielleicht können Sie die Luft hören, die ruhig durch Ihre Nase strömt …

Achten Sie auf Ihren Atem, der Ihnen mit jedem Ein und Aus hilft, noch tiefer in die Stille zu kommen…

Gottes Wort vernimmt man in der Stille am besten…

Beginnen Sie nun mit der Imaginations-Meditation: Stellen Sie sich Maria Magdalena im Garten am Morgen der Auferstehung Jesu vor…

Jesus ist nur noch in ihrer Erinnerung lebendig, und sie ist untröstlich, ihn verloren zu haben…

Dann erscheint er ihr – sie ist ihm so nah, daß sie ihn nicht erkennt. Sie kann nicht glauben, daß er zu ihr kommen würde…

Geht es Ihnen genauso? Hat Jesus versucht, Ihnen in den letzten Monaten wahrhaft nah zu sein, ohne daß Sie sich dessen bewußt waren?…

Christus spricht durch den Propheten Jeremia: „Sucht ihr mich, so findet ihr mich. Wenn ihr von ganzem Herzen nach mir fragt, lasse ich mich von euch finden“ (29,13f)…

Versuchen Sie, eine Zeitlang offen für diese Worte Christi zu sein, und beenden Sie dann diese Meditation…

नेति नेति

28 *Handtuch-Meditation*

Kommen Sie auf eine Ihnen vertraute Weise zur Stille...

Stellen Sie sich vor: Sie haben ein Handtuch in Ihren Händen. Es fühlt sich sehr angenehm an und hat eine schöne Farbe und ein hübsches Muster...

Denken Sie an seine Lebensgeschichte: Die meiste Zeit liegt es gefaltet, aufgeräumt da, ist geordnet, warm, sauber und sicher, aber ohne jemandem zum Nutzen zu sein...

Das Handtuch wird erst dann nützlich, wenn es in die kalte Welt gebracht, geöffnet, auseinandergefaltet, um jemanden geschlungen wird. Es nimmt nach einem Bad die ganze Nässe auf und macht kein Aufheben davon...

Der Mensch, der das Handtuch benutzt, damit es die Feuchtigkeit aufnehme, kommt nicht auf die Idee, ihm dafür zu danken. Wahrscheinlich wirft er es in die Schmutzwäsche oder hängt es routinemäßig über die Heizung und – vergessen...

Irgendwann steckt man es in die Waschmaschine, wo es durcheinandergewirbelt und geschleudert wird. Denken Sie einfach einmal an die Bewegungen, den Lärm, das Tohuwabohu, die es ertragen muß...

Schließlich, nach vielen Strapazen, findet es sich in der Sonne wieder. Es darf sich in seiner ganzen Größe entfalten. Endlich fühlt es sich nicht nur benutzt, gebraucht oder achtlos behandelt. Nun kann es in der frischen Luft flattern, sich in der Wärme der Sonnenstrahlen wohlfühlen, einfach nur sein...

So mag es das Handtuch sehr; das macht sein Leben lebenswert...

Gehen Sie dieses Gleichnis noch einmal durch: Jetzt sind Sie das Handtuch...

Denken Sie an Zeiten, Situationen, als Sie sich ausgenutzt, erschöpft, benutzt, wie weggeworfen gefühlt haben...

Erinnern Sie sich an Stunden, da sie spürten: Menschen werfen Sie einfach achtlos weg und mißachten Ihre Gefühle, weil sie keine Verwendung mehr für Sie haben...

Schauen Sie nun, ob es Zeiten in Ihrem Leben gab, die reinigend wirkten, befreiend, wie ins Licht gebracht...

Eine Zeit, in der Sie gleichsam in der Sonne gebadet und Ihren wahren Wert wiedergefunden haben…

Wenn's geht, danken Sie Gott für eine solche Zeit…

Bleiben Sie in dieser Meditation, solange Sie mögen…

नेति नेति

10
Unser Glaubensweg

> Erkenne dich selbst!
> INSCHRIFT AM TEMPEL DES APOLLO IN DELPHI

Unsere Glaubenslinie

Anthony de Mello riet, wie gesagt, von Zeit zu Zeit Rückschau zu halten, um herauszufinden, wie Gott in unserer persönlichen Geschichte aktiv geworden ist. John English, kanadischer Jesuit, empfahl die Methode der „lebensgeschichtlichen Glaubenslinie", wie er es nannte. Vielleicht kann sie auch Ihnen nützlich sein. Vielen Menschen ist sie es längst geworden.

Es geht darum, im Gebet auf die Jahre unserer frühen Kindheit, unserer Kindheit, unserer Jugend, unserer Lebensmitte und unseres späten Lebens zurückzuschauen. Wir erinnern uns an Ereignisse und Menschen, die in diesen Zeitspannen – bewußt oder unbewußt – für uns Wegweiser zu Gott gewesen sind. Ich richte meinen Geist auf bestimmte Ereignisse oder Personen, die mir Wegbegleiter waren und meinem Weg entscheidende Impulse gaben, und ich versuche, Gottes Wirken in ihnen, in ihren Worten oder ihrem Verhalten zu entdecken.

Wenn ich dadurch einen klareren Blick für Gottes Gegenwart in meinem Leben bekomme, danke ich ihm für den Menschen oder die Situation, durch die mir diese tiefere Erkenntnis von Gottes Nähe zuteil wurde.

Ich zeichne eine horizontale Linie auf einen großen Papierbogen, wie in der folgenden Skizze zu sehen ist. Oberhalb der Linie notiere ich die verschiedenen Phasen meines Lebens. Unter die Linie schreibe ich ein mir wichtig erscheinendes Ereignis aus der jeweiligen Lebensphase und versuche dann, den Glaubenssinn, der in diesem Ereignis verborgen liegt, zu erspüren. Nun frage ich mich, ob und wie in dieser Phase meines Lebens Gottes Führung im Spiel gewesen sein könnte, indem ich mich – durch meine erinnernde Vergegenwärtigung jenes Ereignisses, jener Begegnung, jener Erschütterung oder jener Glückserfahrung – an Menschen oder Augenblicke, an Eindrücke oder Empfindungen erinnere, die für mich Boten Gottes gewesen sein könnten.

So schreibe ich beispielsweise am Anfang der Linie eine Erinnerung aus der frühesten Kindheit auf, dann eine Erinnerung aus der Jugendzeit, daneben eine aus dem frühen Erwachsenenleben, je nach Alter sodann eine aus der Lebensmitte und schließlich eine aus der späteren Lebensphase. Das heißt: Jede Spalte stellt eine besondere Zeit in meinem Leben dar.

Um einen solchen Erinnerungsweg sozusagen abzurunden, sei empfohlen, der jeweiligen Phase, zu dem jeweiligen Geschehen einen Bibelverweis anfügen, der die Glaubenslinie gleichsam unter das Leben Gottes mit uns Menschen stellt. Ich habe hier einige Stellen ausgewählt, die für die skizzierten Beispiele passen würden. Hierbei geht es darum, mit dem roten Faden des Wirkens Gottes in unserem Leben noch tiefer in Berührung zu kommen. Zu dieser Gebets-/Meditationsweise sei generell gesagt: Wenn ich glaube, daß Gott mit mir in Kontakt sein möchte, liegt es, meine ich, auf der Hand, wissen zu wollen, wann und wie sein Kontakt mit mir stattgefunden hat und welche Bedeutung ich ihm gebe.

Daher meditiere ich auf diese Weise gern die verschiedenen Stadien meines Lebens, und wenn Ereignisse oder Menschen dabei in meiner Erinnerung auftauchen, verweile ich bei diesem Bild oder der Szene und danke denen, die mir Boten seiner Nähe waren.

Ereignis

Kleinkind	Kindheit	Jugend	Erwachsen	Lebensmitte	Späte Jahre
Ich sitze verlassen am Seeufer	Man erzählt mir von Jesus als Kind	Meine Eltern zahlen mir meine Ausbildung	Ich lebe auf dem Land	Ich habe gute Freunde	*Denken Sie sich etwas aus*
Psalm 139	Lukas 2,39f	Lk 2,35–32	Lk 2,52f	Lk 4,16–30	…

Glaubenssinn

Gott sieht mich und beschützt mich	Ein gutes, menschliches Bild von Gott wächst in mir	Ich erfahre die Fürsorge Gottes	Ich erlebe die Natur als Spiegel Gottes	Durch diese Menschen werde ich von Gott inspiriert	…

Diese Übung habe ich auch mit Exerzitiengruppen in Afrika gemacht; sie fanden sie faszinierend und überzeugend. Um ihnen nahezubringen, wie diese Meditation der „lebensgeschichtlichen Glaubenslinie" gemeint ist, dachte ich zunächst über meine eigene Glaubensgeschichte nach und erzählte von für mich bedeutsamen Ereignissen und Erfahrungen, die ich hier wiedergeben möchte, damit sie ein Gefühl für die eigene Übung bekommen. Sie empfanden es am leichtesten, einen großen weißen Papierbogen auf den Boden zu legen und eine große diagonale Linie zu ziehen. Dann sammelte und notierte jeder wichtige Ereignisse seines Lebens.

Das Ereignis

Notieren Sie eine für Sie wichtige Erinnerung!

Kleinkind: ______________________________

Kindheit: ______________________________

Jugend: ______________________________

Erwachsen: ______________________________

Lebensmitte: ______________________________

Spätere Jahre: ______________________________

Die Bedeutung

Welche Bedeutung hat das Ereignis für Ihr Glaubensleben?

Kleinkind: ____________________

Kindheit: ____________________

Jugend: ____________________

Erwachsen: ____________________

Lebensmitte: ____________________

Spätere Jahre: ____________________

Ereignis –Kleinkindzeit

Wenn ich an meine allerersten Kindheitserinnerungen zurückdenke, taucht ein mir unvergeßliches Bild auf: Ich war ungefähr drei Jahre alt und verbrachte die Ferien mit meiner Familie an einem steinigen Strand in Irland. Nach Erzählungen meiner Eltern entfernte ich mich von meiner Familie und verirrte mich. Meine Abwesenheit wurde kurze Zeit später bemerkt. Ein großer Lastwagen mit einem Lautsprecher auf dem Dach fuhr den Strand entlang und gab allen Anwesenden bekannt, daß ein kleiner Junge namens „Sony" gefunden worden sei und im örtlichen Frauenkloster auf seine Eltern warte. Als meine Mutter mich dort abholen wollte, saß ich auf der Anrichte in der Klosterküche und wurde von ein paar Nonnen mit Schokolade gefüttert. Ganz offensichtlich ging es mir bestens.

Wenn ich nun über dieses Ereignis nachdenke, bin ich begeistert, daß sogar in dieser frühen Phase Gott sich um mich gekümmert hat. Als Teil meiner Glaubensgeschichte habe ich darüber nachgedacht und eine passende Bibelstelle gefunden: Psalm 139,13f. Für mich bedeutet dieses Erlebnis, daß sich Gott von Anfang an um mich sorgt und mich auch bis zum heutigen Tage nicht aus den Augen verliert.

Ereignis – Kindheit

Ich erinnere mich an ein Ereignis aus meiner Kindheit und versuche herauszufinden, ob es für mich rückblickend eine Glaubensbedeutung hat. Ich denke an eine bestimmte Situation: Es waren die Abende, die wir zusammen zu Hause verbrachten. Meine Brüder und Schwestern saßen um den Lehnstuhl meines Vaters, und er griff zu einem Buch mit Geschichten, die von der Kindheit Jesu erzählten. Ich habe immer noch die Illustrationen des Buches vor Augen, die Jesus als Jungen meines damaligen Alters darstellten.

Während ich über diese Szene nachdenke, wird mir bewußt, wie sich in jedem von uns Bilder von Gott entwikkeln, und ich spüre, wie dankbar ich bin, daß mein erstes Bild von Gott das eines liebevollen jugendlichen und faszinierenden Wesens ist. Ich weiß aus meiner späteren Arbeit mit Menschen, daß ein solches Bild von Gott keineswegs allen Menschen vertraut ist. Ich hätte ja auch das Bild eines strengen und unerbittlichen Gottes mitbekommen können in mein Leben, das meine Sicht- und Denkweise über ihn und meinen Glaubens-/Lebensweg sehr belastet hätte. Mir fiel die Bibelstelle bei Lukas 2,39f ein. Ich bin dankbar dafür, daß ich ein so gutes, menschliches Gottesbild für meinen künftigen Lebens-/Glaubensweg vermittelt bekam, und danke denen, die es mir vermittelt haben.

Ereignis – Jugend

Während ich über diese Phase meines Lebens nachdenke, taucht ein klares Bild auf: Ich erinnere mich an meine Großmutter, die als alte Dame, so wie ich mich an sie erinnere, stets lange, weite schwarze Kleider und ein zierliches lilafarbenes Schmuckstück an der Brust trug. Während meiner ersten Schuljahre besuchte ich sie jeden Tag in meiner Mittagspause, denn sie wohnte ganz in der Nähe der Schule. Sie war eine sehr herzliche Frau und saß nach dem Essen in einem großen Lehnstuhl, eine Dose ihrer Lieblingssüßigkeiten an der Seite. Diese wurden sehr schnell auch meine Favoriten, da sie mich unermüdlich damit versorgte.

Wenn ich über diese Szene nachdenke, erinnere ich mich gern an meine Großfamilie und an die Herzlichkeit derer, mit denen ich meine Kindheit und Jugendzeit verbrachte. Ich denke hierbei auch an die Bibelstelle bei Lukas 2,25–32, nach der der alte Simeon geduldig auf die Erscheinung Gottes wartete. Ich bin glücklich, wie leicht ich durch die Herzlichkeit und Freundlichkeit meiner Großmutter Gott erfahren durfte.

Ereignis – Frühes Erwachsenenalter

Wurde ein Jude früher gefragt: „Wer ist dein Gott?" so antwortete er: „Gott ist derjenige, der..." und zählte Ereignisse und Taten auf, die Gott an seinem Volke vollbracht hatte. Gottes Wirken in der Welt war das, was für ihn zählte.

Ich erinnere mich an einen angehenden Jesuiten, der seine Wochenenden ganz uneigennützig damit verbrachte, unsere Studentengruppe zu Exkursionen aufs Land mitzunehmen. In meiner wahrscheinlich lückenhaften Erinnerung führte er Gruppen in die Berge, ans Meer und an die Seen um Dublin. In diesen Jahren glaube ich ein Gefühl für Gottes Schönheit, wie sie sich in der Natur zeigt, entwickelt zu haben. Vielleicht fand Gott es in dieser Zeit meines Lebens am einfachsten, seine Güte in der abwechslungsreichen Schönheit der Landschaften, die uns umgaben, zu zeigen. Bei der Bibelstelle, die ich hierfür ausgewählt habe, Lukas 2,51f, rufe ich mir Jesus während seiner frühen Erwachsenenjahre ins Gedächtnis, als er mit seinen Eltern, den Zimmermannsleuten, ein verborgenes Leben führte und mehr und mehr an Weisheit und Liebe dank der Fürsorge seiner Eltern zunahm.

Ereignis – Erwachsenenalter

Bei mir taucht sofort das Bild aus den Anfangsjahren meiner Jesuitenausbildung auf, direkt nach der Schule, als ich mit einer Gruppe anderer junger Männer entscheiden sollte, ob wir uns von Gott wirklich zum Ordensleben berufen fühlten. Das Gebäude, in dem wir lebten, war kärglich, und den Stundenplan kann man nur als unerbittlich beschreiben. Doch die Energie und die Begeisterung meiner Gefährten halfen mir sehr, diese Erfahrung zu einer wertvollen zu machen und die Entscheidung, die ich zu treffen hatte, nicht auf die lange Bank zu schieben.

Ich empfand die Möglichkeit zu wählen als großes Geschenk und empfinde eine besondere Dankbarkeit gegenüber denen, die den Weg mit mir teilten. Für diesen Zeitabschnitt meines Lebens fand ich in der Bibel Matthäus 3, 13–17: Hier begegne ich Jesus in einer höchst ereignisreichen Phase seines Lebens. Durch die Freundschaft mit Johannes dem Täufer erfährt er sich bei den schwierigen Entscheidungen, die er fällen muß, hilfreich unterstützt.

Ereignis – Lebensmitte

Wenn ich mir diese Zeit meines Lebens in Erinnerung rufe, denke ich besonders gern an die Freunde, die voller Vision und Offenheit waren. Ich freue mich auch über Gottes Engagement, mir gerade in Phasen von Problemen und Sorgen gegenwärtig zu sein und sich vernehmbar zu machen.

Ich erzähle hier einige dieser Erfahrungen, die ein Licht darauf werfen, und lade Sie ein, das gleiche zu tun. Es war in dieser Phase meines Lebens, als ich Anthony de Mello und Menschen ähnlicher Gesinnung kennenlernte. Ihre Einstellung zum Leben und ihre Vision von Gott berührten mich tief. De Mello wie auch die anderen wertvollen Menschen wußten, daß uns auf unserem Weg immer wieder Geschehnisse widerfahren, die sich zum Guten oder aber auch zum Schlechten wenden. Vor allem Anthony de Mello ließ mich begreifen, daß wir selbst es sind, die sozusagen zwischen „Leben" oder „Tod" einer Situation wählen, um sie uns zu eigen zu machen. Er betonte, daß man sich nicht zu sehr den Kopf zerbrechen solle, ob die Wege, für die man sich entscheidet, Freude oder Kummer mit sich bringen. Das Wesentliche sei der Weg selbst. Statt hocken zu bleiben: Geh einfach los! Ich glaube heute, daß sich allzu viele Menschen während der meisten Zeit ihres Lebens auf eingefahrenen, vertrauten Gleisen bewegen. Sie tun genau das Gegenteil von dem, zu dem Anthony de Mello uns immer wieder inspirierte. Sie setzen sich lieber überhaupt nicht in Bewegung, bevor sie ein (unüberschaubares) Wagnis eingehen. So wie der Mensch Molloch aus Miltons *Paradise Lost* entscheiden sie sich, lieber gar keine Existenz als eine (vermeintlich) minderwertige zu führen.

Ich versuche herauszufinden, ob diese Beobachtungen und Erfahrungen bedeutsam sind für meinen Glaubensweg. Ich wähle eine Bibelstelle, die meiner Beobachtung eine weitere Bedeutung geben kann. Die Szene, an die ich denke, erzählt davon, wie Jesus sozusagen seine Talente, besser seinen Auftrag entdeckt (Lukas 4,16–30). Ich grüble über meine Erfolge und meine Fehlschläge nach und danke für die Geschehnisse in meinem Leben, in denen ich Erfüllung gefunden habe. Ich denke dann noch nach über meinen Rhythmus von Arbeit und Entspannung, von Kampf und Kontemplation und suche mir Rechenschaft zu geben, ob sich diese beiden Lebensgleise in Harmonie befinden.

Ereignis – Kürzlich vergangene Jahre

Auch hier wähle ich eine Bibelstelle, vielleicht einen Psalm, mit deren Hilfe ich in den inneren Raum von Kontemplation und Meditation gelange. Dort kann ich Gott begegnen und verstehen, wie er auf meine Lebensstationen Einfluß genommen hat. Psalm 105 erscheint mir hier recht passend: „Fragt nach dem Herrn und seiner Kraft; sucht sein Antlitz allezeit!"

Es geht darum zu erkennen, daß ich durch Gott und für ihn geschaffen bin, nach seinem Bild, ihm gleich. Wenn ich auf ihn zugehe, bin ich auf dem geraden Weg, so wie Tauben, die – vielleicht von weit her – zielgenau in ihren Taubenschlag zurückkehren.

Wenn mein Leben in eine andere Richtung läuft, fühle ich mich verwirrt: Mein spurgenaues Ausgerichtetsein fehlt, fast so, als führe ich auf der Autobahn in die falsche Richtung. In solchen Zeiten gilt es, achtsam zu sein für Zeichen, die „Halt ein! Wo läufst du hin?“ (Angelus Silesius) bedeuten, oder in Phasen der Trostlosigkeit, denn auch sie bergen eine vorwärtstreibende Botschaft in sich.

Es lohnt sich, das Beispiel des Ignatius von Loyola zu bedenken, der die Fähigkeit besaß, einer inneren Gegenwart tief in seinem Sein aufmerksam und sorgfältig zuzuhören. Er war bemüht, der Stimme Gottes in sich selbst ein immer empfangsbereiter Zuhörer zu sein.

नेति नेति

29 *Die Talente*

Matthäus 25,14–30

Vergegenwärtigen Sie sich, daß Ihr Körper genau wahrnimmt, wenn Sie angespannt, aufgeregt, ausgelassen, verwirrt, ängstlich sind und wenn er Ihren Blutdruck hochtreibt, Verspannungen auslöst oder gar organische Notsignale sendet…

Ihr Atem wird unregelmäßig, und Ihr ganzes körperliches, geistiges und emotionales Befinden leidet. Dann heißt es aufzumerken, *wahr*zunehmen und sich zu lösen, wieder ruhig und achtsam zu werden, um zu entspannen und empfangsbereit zu werden für das, was Gott Ihnen mitteilen möchte…

Lesen Sie zunächst die genannte Bibelstelle, und stimmen Sie sich so auf die Zeit zu meditieren und zu beten ein…

Wenden Sie sich dann den drei Personen der biblischen Erzählung zu, von denen jeder seine Talente erhält…

Nehmen Sie nach einer Weile selber in dieser Bibelszene Platz und graben Sie Ihren Wesensacker durch: Welche Talente hat Gott mir gegeben?...

Wie haben ich sie eingesetzt, was aus ihnen gemacht bisher?...

Bin ich großzügig oder geizig, aufmerksam oder vergeßlich mit ihnen umgegangen?...

Manche Menschen kennen ihre eigenen Talente nicht einmal, haben kein Gefühl für sie, lassen sie brach liegen...

Der Mensch, der in der Geschichte am schlechtesten wegkommt, ist nicht der, der wenigstens einen Versuch startete, dann aber scheiterte, sondern der, der einfach nur Angst hatte und sich nicht traute, seine Talente einzusetzen...

Nehmen Sie folgenden Satz in sich auf und spüren, wie er sich für Sie anfühlt: „Ich will es lieber versuchen und scheitern, als mir überhaupt nichts zuzutrauen"...

Manche Menschen haben das große Talent, die Talente anderer zu fördern. Bin ich so jemand: Habe ich in den vergangenen Monaten die Talente aus meinen Mitmenschen herausgelockt: durch Anerkennung, durch neidloses Lob, durch aufmerksames Zuhören?...

Hab ich es getan, dann danke ich dem dafür, der mir die Worte, das Mitgefühl, die Offenheit gab...

Hab ich es nicht getan, dann bitte ich darum, künftig mehr Liebe und Mitgefühl zu geben...

नेति नेति

30 „Du kannst machen, daß ich rein werde"

Lukas 5,12–16

Jesus Christus, wir kommen in unserer Meditation zu dir, um zu erkennen, wer wir sind und welche unbegrenzten Möglichkeiten du uns eröffnest. Hilf uns, daß wir uns mit deinen Augen sehen: so wie du uns siehst. Gib uns Kraft und Hoffnung für den nächsten Schritt unseres Weges.

Lesen Sie zunächst die Passage aus dem Lukas-Evangelium...

Suchen Sie nun die innere Sammlung, und werden Sie still. Nehmen Sie dazu eine der Ihnen vertrauten Übungen...

Stellen Sie sich in der Stille Ihres Herzens vor: Sie besuchen die Praxis Ihres Arztes, um sich gründlich untersuchen zu lassen; denn Sie haben sich vor kurzem gar nicht wohl gefühlt...

In Ihrer Vorstellung sitzen Sie im Arztzimmer: Sie sehen den Arzt an und hören ihm zu, als er Ihnen die Ergebnisse seiner Untersuchung mitteilt. Ihnen geht es gar nicht gut. Sie werden nicht mehr allzu lange leben. Der Arzt spricht Ihnen zu, sich damit auseinanderzusetzen...

Versuchen Sie jetzt, in Ihrem Innern still zu werden und Ihre Gefühle *wahr*zunehmen, während Sie die gerade gehörte Diagnose in sich aufnehmen...

Welche Gefühle nehme ich in mir wahr?...

Wohin möchte ich gehen, nachdem ich die Arztpraxis verlassen habe?...

Wem möchte ich diese bittere Nachricht als erstem mitteilen?...

Was sagen ich diesem Menschen?...

Was sagt er mir?...

Wie empfinde ich seine Worte?...

Wie reagieren meine Freunde, nachdem ich ihnen alles erzählt habe?...

Hören ich sie über mich reden?...

Wenn ja, was sagen sie?...

Glauben ich, daß die tödliche Gewißheit, die ich jetzt in mir trage, mein mir verbleibendes Leben verändern wird?...

Nehmen Sie sich noch etwas Zeit, um zu Christus hin Ihre Gefühle zur Sprache zu bringen...

नेति नेति

31 Die Frau mit dem Dämon

Lukas 13,10–17

Lesen Sie zunächst diese Erzählung...

Versuchen Sie, ganz aufrecht zu sitzen, und legen Sie Ihre Hände vor sich in den Schoß...

Stellen Sie Ihre Beine nebeneinander, und setzen Sie die Füße flach auf den Boden...

Vielleicht fühlen Sie sich wohler, wenn Sie die Augen schließen; doch lassen Sie sie ein wenig geöffnet, wenn Sie es so lieber mögen...

Beobachten Sie nun, wie Sie langsam und tief einatmen und mit einem tiefen Seufzer wieder ausatmen...

Fahren Sie mit diesen langsamen und tiefen Atemzügen ein paar Minuten fort...

Spüren Sie die Atemzüge, wie sie durch Ihre Nase in den hinteren Rachenraum strömen, die Schultern hinab, in Ihren Brustbereich und dann weiter zu Ihrem Bauchraum...

Entspannen Sie sich ganz und gar beim Ausatmen, und lassen Sie den Atem frei fließen...

Ihre Aufmerksamkeit ist jetzt ganz auf Ihre natürliche Atmung gerichtet: Lassen Sie jeden Atemzug in seinem Rhythmus kommen... und gehen...

Konzentrieren Sie sich nur noch darauf, dem Fluß Ihres Atems zu folgen, wie er durch Ihre Nase einströmt, dann einen Augenblick verweilt und langsam durch Ihren Mund wieder ausströmt...

Denken Sie nun an die arme Frau und ihre elende Situation...

Sie wurde 18 Jahre lang von einem Dämon geplagt, ihr Rücken war verkrümmt, und sie konnte nicht mehr aufrecht gehen...

Fühlen Sie sich in diese Frau ein und denken Sie darüber nach, was sie noch sehen konnte und wovon sie vielleicht geträumt hat...

Alles, was sie tagein, tagaus sehen konnte, war das Stückchen Weg direkt vor ihr. Sie muß sich wie ein Pferd mit Scheuklappen vorgekommen sein...

Schauen Sie nun in Ihre Erinnerung, ob es Zeiten gab, in denen Sie – was Ihre Ansichten und Ihr Verhalten betraf – wie mit Scheuklappen kurzsichtig herumgelaufen sind…

Richten Sie nun Ihre Aufmerksamkeit darauf, wie Jesus, ohne daß er darum gebeten wurde, den Blickwinkel und das Leben der armen Frau veränderte…

Vielleicht macht er dasselbe mit Ihnen, wenn Sie ihn darum bitten…

Wenn Sie nun diese Meditation allmählich beenden, danken Sie Christus für die Zeit, die Sie gemeinsam mit ihm verbracht haben…

नेति नेति

32 Gespräch mit Jesus

Wählen Sie eine Ihnen vertraute Einstimmungsübung…

Lassen Sie sich Zeit, mit dem Gespräch allmählich zu beginnen…

Suchen Sie für sich einen Zugang, mit Gedanken und Gefühlen in Berührung zu kommen, die Sie vielleicht noch nie ausgesprochen haben…

Teilen Sie Jesus alles mit, was Ihnen wichtig ist und was Sie vielleicht noch nie jemandem gesagt haben…

Hinweis
Der mögliche Schmerz der Trennung am Ende einer solchen imaginativen Begegnung kann dadurch gemildert werden, sich bewußt zu machen, daß jeder ja die Möglichkeit hat, eine solche Begegnung erneut zu suchen. Hierauf hinzuweisen sei empfohlen, um Menschen wieder behutsam aus einer solchen Meditations- bzw. Imaginations-Übung herauszuführen. Es ist wichtig, hierbei langsam und einfühlsam vorzugehen, damit der Wechsel zwischen den verschiedenen Bewußtseinsstufen nicht zu abrupt geschieht.

Die Stille während einer Imaginations-Übung wird nicht selten als ohrenbetäubend empfunden, und es gibt keinen Grund, die Gruppe anschließend eilends wieder zu Aktionen anzuregen. Geben Sie der Stille die Möglichkeit, ihre Belohnung selbst einzubringen…

Mit der Phantasie arbeiten

Wenn Sie diese Meditation in einer Gruppe machen, denken Sie vielleicht daran, mit dem sich hier ergebenden „Material" später weiterzuarbeiten. Geben Sie daher allen Teilnehmern einen Bogen Papier und einen Stift, damit sie aufschreiben können, was in ihnen vor sich ging. Oder die Teilnehmer teilen ihre Eindrücke einem Partner in der Gruppe mit. Seinem Partner wirklich ohne reagierenden Kommentar zuzuhören ist eine Fähigkeit, die einiger Übung bedarf. Daher bleibt jeweils zu entscheiden, ob dies in der jeweiligen Gruppe vorausgesetzt werden kann und die Gruppenmitglieder vom wechselseitigen Austausch profitieren. Manchmal erleben Gruppenteilnehmer einen Austausch als sehr anregend, manchmal geht er ihnen zu nahe. Oder: Manche Teilnehmer haben sich so sehr in ihr Leben vertieft, das es ihnen zu persönlich erscheint, dies mit anderen zu teilen.

Hier wie in allem, worum es in diesem Buch geht, seien Achtsamkeit und Behutsamkeit empfohlen, die niemanden zu irgend etwas drängen, sondern jedem Raum lassen, das eigene Maß seiner Schritte zu wählen und es zu erweitern, wann er möchte. Wohl aber möge sich jeder immer wieder einmal von Anthony de Mello fragen lassen: „Wo ist das Feuer?"

नेति नेति

Bücher von Anthony de Mello

Der Dieb im Wahrheitsladen

Die schönsten Weihnachtsgeschichten

2. Auflage 1998, 368 Seiten, mit Zeichenband, Halbleinen
ISBN 3-451-26244-4

Die Fesseln lösen

Einübung in erfülltes Leben

6. Auflage 1998, 160 Seiten, gebunden; ISBN 3-451-23465-3

Meditieren mit Leib und Seele

Herder Spektrum Band 5017
1998, 192 Seiten, Paperback; ISBN 3-451-05017-X

Eine Minute Weisheit

10. Auflage 1998, 120 Seiten, Paperback; ISBN 3-451-20649-8

Mit allen Sinnen meditieren

Anstösse und Übungen

1997, 144 Seiten, gebunden; ISBN 3-451-26245-2

Von Gott berührt

Die Kraft des Gebetes

7. Auflage 1998, 240 Seiten, gebunden; ISBN 3-451-22539-5

Wer bringt das Pferd zum Fliegen?

Weisheitsgeschichten

Herder Spektrum Band 4304
6. Auflage 1999, 176 Seiten, Paperback; ISBN 3-451-04304-1

Zeiten des Glücks

Herausgegeben von Anton Lichtenauer

Herder Spektrum Band 5009
8. Auflage 1999, 192 Seiten, Paperback; ISBN 3-451-05009-9